GW00391544

COLLECTION POÉSIE

THÉOPHILE GAUTIER

Émaux et Camées

Édition présentée,
établie et annotée
par Claudine Gothot-Mersch
Professeur
aux Facultés universitaires
Saint-Louis de Bruxelles

avec, en appendice :

Albertus

GALLIMARD

PRÉFACE

« Nos voisins disent : Shakespeare et Goethe ! nous pouvons leur répondre : Victor Hugo et Théophile Gautier ! » écrivait Baudelaire en 1859, deux ans après avoir offert à son « maître et ami » la somptueuse dédicace des Fleurs du mal *: « Au poète impeccable, au parfait magicien ès lettres françaises... » En 1866, dans la première livraison du* Parnasse contemporain, *la place d'honneur revient à Gautier. En 1873, le* Tombeau de Théophile Gautier *s'ouvre sur un long poème de Victor Hugo ; et c'est dans cet hommage posthume que figure également le célèbre* Toast funèbre *de Mallarmé.*

De cet écrivain glorieux, influent, abondant, de ce poète qui était aussi romancier, critique littéraire, chroniqueur d'art et d'art dramatique, bibliothécaire de la princesse Mathilde (mais qui ne réussit jamais à se faire élire à l'Académie française), que retient-on aujourd'hui ? La prédiction de Faguet : « Il passera, je crois, tout entier » ne s'est pas complètement réalisée ; mais pour le grand public, Gautier se réduit probablement au Capitaine Fracasse, *qui jouit encore d'une diffusion dans des collections populaires, et à* Émaux et Camées, *connu à travers quelques poèmes repris dans les anthologies scolaires.*

Émaux et Camées *est cependant très loin de représenter toute la poésie de Gautier. C'est le dernier recueil, le plus achevé, l'aboutissement de l'œuvre, mais un aboutissement, somme toute, fort éloigné du point de départ. C'est pourquoi nous donnons en appendice de notre édition, témoignage d'un autre*

Gautier, Albertus : Albertus, *écrit en 1831-1832 (Gautier avait vingt ans), « légende théologique », « semi-diabolique, semi-fashionable » ; poème fantastique, où le goût du macabre le dispute au pittoresque et à l'autoparodie la plus amusante. Le lyrisme intime n'en est pas absent ; le vers y est plein de verve et de mouvement : de même que le Daniel Jovard des* Jeunes-France, *Gautier a appris « à jeter galamment la jambe d'un alexandrin à la figure de l'alexandrin qui vient après, comme une danseuse d'opéra qui achève sa pirouette dans le nez de la danseuse qui se trémousse derrière elle ». C'est l'esprit et la facture de* Mardoche, *sauf le côté fantastique et macabre, absent chez Musset, et qui est plutôt de la veine d'un Pétrus Borel, figure marquante du « petit Cénacle », que Gautier aimait et admirait.*

*Comment l'auteur d'*Albertus *est-il devenu celui d'*Émaux et Camées *? Comment Gautier, qui devait confier aux Goncourt, en 1863 encore, que « les deux cordes de son œuvre, les deux vraies grandes notes de son talent, sont la bouffonnerie et la mélancolie noire », s'est-il mis à écrire ces petites pièces si maîtrisées ? C'est toute la question du passage du premier romantisme à l'école de l'art pour l'art qui se pose là. On connaît l'analyse d'Albert Cassagne : l'enjeu a été de garder au romantisme sa pureté en le préservant notamment des poussées nouvelles de la vie sociale. Gautier fut celui qui indiqua la voie : dans son œuvre s'inscrit de façon exemplaire la transformation du romantisme en ce « romantisme continué » qui devait finalement aboutir au Parnasse d'un côté, au symbolisme de l'autre. La préface d'*Émaux et Camées *proclame la volonté de séparer l'art de la vie : à l'abri derrière les vitres, retranché du monde et de l'ouragan des révolutions, le poète se consacre à son œuvre. Victor Hugo — on le sait — réagit vivement à cette attitude dans la lettre où il remercie Baudelaire de sa notice sur Gautier (6 octobre 1859) : « Je n'ai jamais dit : l'Art pour l'Art ; j'ai toujours dit : l'Art pour le Progrès. » Ceci n'empêchera pas les tenants de l'art pour l'art de continuer à se proclamer ses disciples :*

Gautier parmi ces joailliers
Est prince, et Leconte de Lisle
Forge l'or dans ses ateliers ;
Mais le Père est là-bas dans l'Ile.

(Théodore de Banville)

*La continuité du romantisme et de l'art pour l'art dans les théories esthétiques de Théophile Gautier apparaît clairement à la lecture des manifestes que sont ses préfaces. En 1833, la préface d'*Albertus *(« L'auteur du présent livre [...] n'a vu du monde que ce que l'on en voit par la fenêtre, et il n'a pas envie d'en voir davantage. Il n'a aucune couleur politique ; il n'est ni rouge, ni blanc, ni même tricolore : il n'est rien, il ne s'aperçoit des révolutions que lorsque les balles cassent les vitres »), et en 1834 celle de* Mademoiselle de Maupin *(« Il n'y a de vraiment beau que ce qui ne peut servir à rien ») annoncent très précisément — et le premier texte jusque dans la métaphore même de la fenêtre — la préface d'*Émaux et Camées. *Avec cette différence toutefois que dans* Maupin *il s'agit de combattre l'idée que l'art doit être un moyen de la morale, alors que dans* Albertus *et dans* Émaux et Camées *c'est essentiellement l'opposition de l'art et de la politique que proclame Gautier.*

*Deux éléments, sans doute, ont favorisé l'élaboration de la conception poétique d'*Émaux et Camées. *D'une part, l'intérêt que Gautier a toujours manifesté pour les arts plastiques. On sait qu'il a failli être peintre, et que c'est sans doute son amitié avec Nerval et la rencontre, grâce à celui-ci, de Victor Hugo qui l'ont décidé à choisir les lettres. Mais il réfléchira à la poésie en termes d'art ; dans la préface d'*Albertus *déjà, développant le thème que la littérature ne doit servir aucune cause, il écrit : « Les bijoux curieusement ciselés, les colifichets rares, les parures singulières, sont de pures superfluités. Qui voudrait cependant les retrancher ? » Dans ses* Salons, *il compare à plusieurs reprises le travail du poète à celui du* *marbrier, ciselant des matières dures et éternelles. Thème, il est vrai, exploité aussi par Vigny : « Un livre tel que je le conçois doit être composé, sculpté [...] comme une statue de marbre de Paros*[1]*. » C'est dans ce sens que Gautier glosera le titre d'*Émaux et Camées *: « Ce titre [...] exprime le dessein de traiter sous forme restreinte de petits sujets, tantôt sur plaque d'or ou de cuivre avec les vives couleurs de l'émail, tantôt avec la roue du graveur de pierres fines, sur l'agate, la cornaline ou l'onyx. Chaque pièce devait être un médaillon à enchâsser sur le couvercle d'un coffret, un cachet à porter au doigt, serti dans une bague, quelque chose qui rappelât les empreintes des médailles antiques qu'on voit chez les peintres et les sculpteurs. »*

Ainsi se déclarent, métaphoriquement, certaines intentions de travail : la netteté, le soin de la forme. Mais insensiblement Gautier passe à autre chose : il ne s'agit pas seulement de traiter le vers comme d'autres traitent le marbre, mais de traiter son sujet comme le peintre ou le sculpteur traitent les leurs — montrer des profils, des attitudes, s'intéresser à la matière, à la couleur : « L'auteur ne s'interdisait nullement de découper dans les tranches laiteuses ou fauves de la pierre un pur profil moderne, et de coiffer à la mode des médailles syracusaines des Grecques de Paris entrevues au dernier bal. »

D'autre part, le goût de Théophile Gautier pour les arts plastiques l'amène à évoquer, dans sa poésie, peintres et sculpteurs, tableaux, statues, objets précieux : non plus art pour l'art mais, selon la formule de Michel Crouzet, « art sur l'art ». Albertus *déjà pourrait être lu « comme un itinéraire où l'on va d'un lieu littéraire en un lieu pictural [...], où l'on tombe d'un puits shakespearien en un musée de peinture, plutôt flamande*[2] *».* Émaux et Camées *ne fera qu'accentuer la tendance.*

Par contre, le recueil de la maturité s'écarte nettement de

1. Cité par Albert Cassagne, *La Théorie de l'art pour l'art en France*, p. 117.
2. Jacques Gaucheron, « Ombres et lumières de l'art pour l'art », *Europe*, mai 1979, p. 79.

*l'œuvre de jeunesse, en tout cas d'*Albertus *et de* La Comédie de la mort, *par une autre caractéristique, liée elle aussi à l'idée d'œuvre-bijou, et qui constitue un élément important de la transformation de l'esthétique de l'art pour l'art : la concentration, le resserrement, la recherche de l'efficacité par la précision. La composante personnelle qui a pu jouer ici, dans le cas de Gautier, est peut-être son métier de journaliste. Sainte-Beuve déplorait que la nécessité de noircir du papier gâte le style des meilleurs : « Si tel écrivain habile a, par places, le style vide, enflé, intarissable, chargé tout d'un coup de grandes expressions néologiques ou scientifiques venues on ne sait d'où, c'est qu'il s'est accoutumé de bonne heure à battre sa phrase, à la tripler et quadrupler* (pro nummis) *en y mettant le moins de pensée possible[3]. » Pour Gautier, qui gémissait sous le poids des besognes alimentaires,* Émaux et Camées *fut sans doute, partiellement, l'antidote à ces chroniques et feuilletons où l'on tire à la ligne.*

*Non qu'il y ait concentré beaucoup de pensée. Ce qui frappe au contraire, dans bon nombre de poèmes du recueil, c'est le refus du grand sujet, et même du sujet tout court : une montre arrêtée, une cheminée qui fume, un accroche-cœur sur une joue, un prénom à consonance antique, le soulagement d'avoir fini sa besogne... voilà quelques-uns de ses thèmes d'inspiration, qu'il traite parfois avec tant de simplicité, de naïveté, que ces poèmes pourtant fort concertés en prennent un air ingénu, presque enfantin. Il peut aussi, décidant de « changer le dictionnaire en palette », consacrer près de vingt strophes à décrire toutes les nuances du blanc, selon les différentes matières : peau, étoffes, neige, fourrure, plumage, pierre, fleurs, insectes... (*Symphonie en blanc majeur*), ou tenter à travers une série de poèmes de « rendre » la chair féminine, tour à tour marbre, nacre, neige, cire pâle ou satin.*

La froideur est un des aspects dominants de cette poésie.

3. « Quelques vérités sur la situation en littérature », *Revue des Deux Mondes*, 1er juillet 1843, p. 14.

*L'idée, quand idée il y a, s'y développe sous la forme de l'allégorie, nette et abstraite, plus volontiers que sous celle du symbole (plus vivant et plus riche, comme le fait remarquer Gabriel Brunet à propos d'*Inès de las Sierras*). Le sentiment ne s'exprime presque jamais sur le ton lyrique. Si la femme est partout présente, l'amour est absent ; c'est le madrigal qui règne :* La Rose-thé, Les Accroche-cœurs, A une robe rose, Apollonie, La Fleur qui fait le printemps... *La sensualité même se fait tellement discrète qu'elle en devient presque imperceptible ; que l'on compare les strophes 4 et 5 du* Poème de la femme *avec le passage de* Mademoiselle de Maupin *que nous donnons en note : l'humour et la grivoiserie ont disparu, mais aussi tout émoi devant le spectacle, qui ne parle plus — s'il parle encore — qu'aux yeux et à l'esprit. Dans* Émaux et Camées, *Gautier traite désormais en extériorité les sujets qui le touchent le plus, avec une telle persévérance qu'il en arrive à les escamoter.*

Ainsi en va-t-il d'un des thèmes les plus constants dans toute son œuvre, celui de la mort. Dans Émaux et Camées, *écrit Serge Fauchereau, lecteur pourtant attentif, « il ne s'agit plus de la mort ». Or elle est partout : dans* Le Poëme de la femme, *qu'elle termine de façon inattendue ; dans* Coquetterie posthume, *qui met en scène une jeune femme rêvant à sa toilette mortuaire ; dans* Nostalgies d'obélisques, *qui invite à imaginer les « laids squelettes » de ceux qui ignorent l'art de l'embaumement ; dans* Tristesse en mer, *où le poète évoque son propre cadavre « bleuâtre, enflé, méconnaissable », après le suicide par noyade ; dans* Bûchers et Tombeaux, *qui roule tout entier sur les mérites de l'incinération par rapport à l'enterrement ; dans* Les Joujoux de la morte *; dans d'autres pièces encore, moins directement. Si ce thème passe inaperçu, ce n'est donc pas qu'il a disparu, c'est qu'il est traité de façon telle qu'il n'atteint plus la sensibilité du lecteur.*

Dans Émaux et Camées, *tout devient tableau. La mort de la petite Maria Grisi, c'est un cercueil sous le bras du croque-mort « comme un étui de violon », et des jouets qui gisent aban-*

*donnés ; celle de la femme aimée, un lit mortuaire et un homme à genoux. De la même manière, la femme qui se dévêt pour l'amour présente une série de poses artistiques, évoquant statues et tableaux (*Le Poëme de la femme*) ; les souvenirs du poète sont des tableaux accrochés au mur (*Le Château du souvenir*). *Les Néréides, *c'est une aquarelle qui s'anime. Et dans* Contralto, *si la rêverie passe « de la forme au son », le son est représenté par « Tancrède avec sa cuirasse » ou « Malcom le plaid sur l'épaule ». Incontestablement, Gautier est « quelqu'un pour qui le monde extérieur existe ». Lorsqu'il confie aux Goncourt : « L'homme m'est parfaitement égal. Dans les drames, quand le père frotte sa fille retrouvée contre les boutons de son gilet, ça m'est absolument indifférent, je ne vois que les plis de la robe de sa fille », nous pouvons le prendre au mot, et retrouver, précisément, les jeux de draperie dans* Le Poëme de la femme *(« la chemise aux plis nonchalants »), dans* Contralto *(Cendrillon « sur le pli de sa jupe assise »), dans* Apollonie *(« Quand relevant sa robe antique Elle s'assoit... »). Talent de dessinateur qui fut reconnu par Victor Hugo : « Oh ! si Gautier me prêtait son crayon ! » Mais la rançon est là : l'« absolue indifférence » à l'homme, même s'il y a dans cette proclamation une certaine coquetterie, est bien ce que ressent le lecteur – et l'on comprend que le groupe des « Impassibles » se soit réclamé de Gautier.*

*D'autant que s'il est une qualité qui frappe dans le style d'*Émaux et Camées, *c'est la netteté (« une qualité que Gautier est presque le seul à posséder parmi les romantiques », dit Georges Poulet[4]). Netteté qui se manifeste, d'abord, dans le vocabulaire. Peu de métaphores, les mots sont employés dans leur sens propre, ils sont précis, et souvent techniques ; ainsi le vocabulaire de l'architecture : « ais », « chevrons », « comble » dans* La Mansarde *; « tourelles en poivrière », « toits en éteignoir », « refend », « pivot », « perron » dans* Le Château de souvenir *; ou celui de la botanique : lentilles d'eau, ortie,*

4. *Trois essais de mythologie romantique*, José Corti, 1966, p. 111.

*bardane, ciguë, dans le même poème. L'adjectif, par contre, est souvent banal. C'est manifestement sur le substantif que reposent et le sens, et la phrase, ce qui n'est certes pas pour rien dans l'impression de densité que laissent les poèmes d'*Émaux et Camées.

La clarté de leur structure y concourt de son côté. Dans Affinités secrètes, *par exemple, la thèse « panthéiste » se développe de façon méthodique, appliquée, par le déroulement parallèle d'une série de métamorphoses (la perle en dents, la fleur en lèvres...), puis par le mouvement inverse du retour aux origines :*

> Dans la nacre où le rire brille
> La perle revoit sa splendeur.

Mais l'élément déterminant pour l'impression de netteté et de concentration, c'est évidemment le modèle strophique adopté par Gautier. A l'exception du premier poème et des trois derniers, Émaux et Camées *est tout entier en quatrains d'octosyllabes à rimes croisées, féminine puis masculine. Tour de force assurément, et exercice d'ascèse, que l'utilisation du même moule pour tous les sujets : madrigal, récit, sérénade, description, rêve exotique... On peut trouver le procédé lassant, mais il est permis d'en penser aussi ce que Gautier lui-même disait de l'utilisation du sonnet chez Baudelaire : il le comparait à ces plafonds à caissons qui « servent plus les peintres qu'ils ne les gênent en délimitant l'espace où il faut encadrer et faire tenir leurs figures. Il n'est pas rare d'arriver, par le raccourci et l'ingénieux agencement des lignes, à loger un géant dans un de ces caissons étroits et l'œuvre y gagne par sa concentration même ».*

L'intérêt de Gautier pour les poètes baroques (son cher « homonyme » Théophile de Viau, ou Saint-Amant) doit bien être pour quelque chose dans le choix qu'il a fait de l'octosyllabe. Déjà dans Les Grotesques, *en 1834, il écrivait à propos de Scarron que si l'octosyllabe à rimes plates offre des facilités dangereuses, bien utilisé il permettrait « des effets neufs et variés » ; par rapport à l'alexandrin, « pompeux et redondant », « il nous épargnerait beaucoup d'hémistiches stéréotypés ». Dans sa notice sur Baudelaire, il prête de nouveau attention au caractère des vers de huit pieds, « brusques, violents, coupants comme les lanières du chat à neuf queues ». Enfin, il a défini l'effet qu'il avait recherché lui-même dans* Émaux et Camées *: « L'alexandrin était trop vaste pour ces modestes ambitions, et l'auteur n'employa que le vers de huit pieds, qu'il refondit, polit et cisela avec tout le soin dont il était capable. Cette forme, non pas nouvelle, mais renouvelée par les soins du rhythme, la richesse de la rime, et la précision que peut obtenir tout ouvrier patient terminant à loisir une petite chose, fut accueillie assez favorablement » (*Les Progrès de la poésie française*). Et de constater avec une satisfaction bonhomme : « Les vers de huit pieds groupés en quatrains devinrent pour quelque temps un sujet d'exercices parmi les jeunes poëtes. » Ce que chacun peut vérifier, en effet, à la lecture des volumes du* Parnasse contemporain.

Cette strophe qui coupe l'élan lyrique (« strophe de quelqu'un qui n'a pas de souffle ou qui ne veut pas en avoir », écrit Charles Bruneau), Gautier en accentue l'effet de netteté et de brièveté par une série de procédés habiles. L'importance de la rime, bien sûr :

Le Nil, dont l'eau morte s'étame
D'une pellicule de plomb,
Luit, ridé par l'hippopotame,
Sous un jour mat tombant d'aplomb.

(Nostalgies d'obélisques)

ou :

Carmen est maigre, – un trait de bistre
Cerne son œil de gitana.
Ses cheveux sont d'un noir sinistre,
Sa peau, le diable la tanna.

(Carmen)

Effet sans doute un peu appuyé. Mais Bruneau fait remarquer que la rime, chez Gautier, est souvent plus rare que riche. En même temps — alors que les deux sont parfois difficiles à concilier —, le mot ne donne presque jamais l'impression d'avoir été choisi pour la rime. Du Camp l'avait déjà vu : « La rime, si difficile qu'elle puisse se présenter, ne l'entraîne jamais hors de la voie qu'il s'est tracée. » Pour Spoelberch de Lovenjoul, il serait même impossible de remplacer le mot à la rime, chez Gautier, par « aucun autre aussi absolument juste ». Faisons la part du panégyrique ; il reste que dans l'ensemble la rime d'*Émaux et Camées* est à la fois précise et soulignée.

Un autre effet sonore contribue à la même impression de netteté : la fréquence de la diérèse (ainsi dans *Le Poëme de la femme* : Itali-ens, musici-ens, ondulati-ons, Phidi-as, Géorgi-enne, di-amant, vi-olettes) et le nombre d'e « muets » qu'on est amené à articuler (dans le même poème : « De grosses perles de Venise »). L'outil statistique nous manque pour apprécier l'importance de ce phénomène, mais il y a là un effet de martèlement très sensible : le vers s'égrène, les huit syllabes se détachent une à une. Se combine à cela le jeu de sonorités dures qu'admirait Faguet (pourtant sévère pour Gautier, comme on l'a vu) : « Dans le fronton d'un temple antique » (*Affinités secrètes*), « Au fronton d'un temple à Balbeck » (*Ce que disent les hirondelles*). Également l'extrême rareté de l'enjambement, sur lequel Gautier jouait à fond dans *Albertus*, et qu'il proscrit ici.

La phrase, d'ailleurs, est courte, et sans complexité. Il est assez fréquent que la strophe — pourtant brève — comporte deux phrases, et c'est très rarement que la phrase se continue d'une strophe à l'autre : pas même une fois sur vingt ; il n'y a pas un cas de phrase qui s'étende sur plus de deux strophes, et dans plus de la moitié des poèmes (dont *Le Château du souvenir*, le plus long de tous) la fin de la strophe coïncide toujours avec une fin de phrase. A plusieurs reprises même, la coïncidence est forcée, la ponctuation scinde en deux parties ce qui pourrait —

*ou devrait — n'être qu'une seule phrase (*Variations sur le Carnaval de Venise, *strophes 9-10 ;* Le Château du souvenir, *strophes 16-17) : signe d'un dessein bien arrêté de marquer fortement les articulations.*

Enfin, la régularité de la construction syntaxique redouble celle du mètre et de la strophe. On notera ici l'importance de figures comme le parallélisme et le chiasme :

Les marbres blancs en blanches chairs,
Les fleurs roses en lèvres roses

(Affinités secrètes)

La régularité, la stabilité, la précision de l'articulation apparaissent donc comme les caractéristiques formelles les plus remarquables du recueil. C'est, comme le fait remarquer R.S. King[5]*, l'opposé du travail de Verlaine. Il suffit de relire l'*Art poétique *(et de le comparer à* L'Art, *qui conclut* Émaux et Camées*) pour en être persuadé. Verlaine prône le mètre impair, « sans rien en lui qui pèse ou qui pose », affirme sa méfiance à l'égard de la rime, et souhaite un vers ailé, mouvant, musical. Il est vrai toutefois que les deux poètes s'accordent à bannir l'éloquence, et que Gautier (contrairement à ce que pense M. King) n'a pas dédaigné la recherche des assonances, et même des assonances verlainiennes :*

Au tombeau-sofa des marquises
Qui reposent, lasses d'amour,
En des attitudes exquises

(Bûchers et Tombeaux)

Dans Émaux et Camées, *l'image devient assez rare. Effet, sans doute, de la méfiance à l'égard du lyrisme qui guide alors*

5. « *Émaux et Camées* ; sculpture et paysages-objets », *Europe*, mai 1979, p. 88.

Gautier. De temps en temps, tout de même, une trouvaille, une métaphore inspirée :

Un regret, ramier qu'on étouffe
(Variations sur le Carnaval de Venise)

Le rire, intelligente abeille
(Le Monde est méchant)

ou mieux, ceci, très baudelairien déjà :

Le vin de ma propre pensée,
Vierge de toute autre liqueur,
Et que, par la vie écrasée,
Répand la grappe de mon cœur.
(Après le feuilleton)

Mais souvent, quand la métaphore est là, loin de servir de voie d'accès à l'imaginaire, elle contribue – très visuelle – à cerner l'objet d'un trait précis :

Mes colonnes sont alignées
Au portique du feuilleton ;
Elles supportent résignées
Du journal le pesant fronton.
(Après le feuilleton)

*Gautier, un jour, allégua plaisamment pour preuves de sa force : « J'amène 500 au dynamomètre et je fais des métaphores qui se suivent. » L'image suivie est en effet, comme l'a bien montré Charles Bruneau, une des caractéristiques d'*Émaux et Camées. *Gautier y met en pratique ses recommandations à Charles Dalloz : « Pousser la comparaison au dernier degré, à propos de tous les mots. Ainsi, en comparant par exemple un incendie à une passion, employer tous les termes spéciaux à un* *incendie. Transposer ainsi dans le monde moral tous les termes du monde physique. » Dans* Le Château du souvenir *– c'est l'exemple de Bruneau –, l'allégorie se développe longuement, minutieusement, en une multitude de détails précis.*

Cela ne va pas sans déboucher, en dernier ressort, sur une certaine préciosité. Pousser la métaphore au bout de ses possibilités, la raffiner à l'extrême, situer la valeur de l'œuvre dans la virtuosité de l'exécution, mène presque fatalement au byzantinisme. L'ingéniosité de l'artiste dans le traitement de sujets ténus devient le critère de la réussite. En cela également, Gautier rejoint les poètes baroques. Les concetti, *la pointe finale, l'antithèse et l'oxymore (« impérieuses douceurs », « frileux marbres ») se retrouvent chez lui comme chez eux. Que de perles, de diamants, d'or, de nacre, de colombes, de papillons et de fleurs, aussi ! Certains madrigaux du recueil ne sont pas loin, par exemple, de* La Belle Gueuse *de Tristan Lhermite :*

> ... Ce rare honneur des Orphelines
> Couvert de ces mauvais habits,
> Nous découvre des perles fines
> Dans une boîte de rubis.
>
> Ses yeux sont des saphirs qui brillent,
> Et ses cheveux qui s'éparpillent
> Font montre d'un riche trésor :
>
> A quoi bon sa triste requête,
> Si pour faire pleuvoir de l'or
> Elle n'a qu'à baisser la tête ?

A une robe rose *ou* Diamant du cœur, *avec un peu plus de recherche peut-être, sont de la même inspiration.*

Reste une autre parenté à établir, ou à questionner. Que penser des rapports de Baudelaire et de Gautier, de la connivence – manifeste dans les études qu'ils se sont mutuellement consacrées – entre ces deux artistes dont on aurait pu croire, à première vue, que les génies s'excluaient « comme l'eau et le feu[6] » ?

Une première remarque s'impose. Quand Baudelaire écrit, en 1857, la dédicace des Fleurs du mal, Émaux et Camées n'est encore qu'une plaquette réunissant vingt poèmes. Contrairement à ce que pourrait imaginer le lecteur d'aujourd'hui, ce n'est pas à ce recueil que s'adressent d'abord les louanges du disciple, mais, c'est explicite dans le premier projet de dédicace, aux œuvres précédentes : « ... j'ai voulu, autant qu'il était en moi [...], rendre un hommage profond à l'auteur d'Albertus, de La Comédie de la mort et d'España... » Ce sont les mêmes titres qui reviennent, deux ans plus tard, dans la notice que Baudelaire consacre à Gautier. Les mêmes encore chez les meilleurs commentateurs des deux poètes : Albert Cassagne et Léon Cellier[7] évoquent tous deux La Comédie de la mort ; l'intéressant article d'E. Meyer sur Théophile Gautier et Baudelaire ne fait appel, c'est révélateur, à aucune citation d'Émaux et Camées.

Certes, Baudelaire n'a pas été insensible à la perfection formelle de cet ouvrage. Se posant, dans son étude, en adepte de l'art pour l'art (« La Poésie [...] n'a pas d'autre but qu'elle-même »), admirant en Gautier sa maîtrise de la langue (on sait que la formule de la dédicace était primitivement « Au parfait magicien ès langue française », étonnante incorrection grammaticale, mais qui ne sera corrigée que par le sacrifice de la précision : « ès lettres françaises », dira le texte définitif), l'auteur des Fleurs du mal devait aimer, et aima, « la carrure de la mélodie », « la pourpre régulière et symétrique d'une rime plus qu'exacte », « la majesté de l'alexandrin dans le vers octosyllabique » — bref, ce qui faisait le prix, pour Gautier lui-même, des Émaux et Camées.

Ce qu'il aima aussi, c'est que Gautier ait introduit dans la

6. Ernest Raynaud, « Baudelaire et Théophile Gautier », *Mercure de France*, 16 octobre 1917, p. 581.

7. *Mallarmé ou la morte qui parle*, P.U.F., 1959, p. 111.

poésie, à côté d'une mélancolie héritée de Chateaubriand, ce que lui-même appelle joliment « la consolation par les arts » : là, dit-il, Gautier a vraiment innové. L'appétit de la mort, le goût pour l'exotisme, une certaine sensibilité morbide, devaient également le trouver réceptif, si discrètement que se manifestent ces tendances dans Émaux et Camées. *Mais ce qui l'attira davantage encore, c'est l'« immense intelligence innée de la* correspondance *et du symbolisme universels » qu'il reconnaissait à celui qu'il appelle son maître. L'importance de l'éloge étonne d'abord, et l'on ne peut s'empêcher de penser que les correspondances, chez Gautier, sont bien raides, bien mécaniques : « transpositions » qui n'ont rien de la profondeur quasi mystique du symbolisme baudelairien. Mais on s'aperçoit à la réflexion qu'*Émaux et Camées *s'ouvre sur un poème qui s'intitule* Affinités secrètes *; que, par exemple, des madrigaux comme* La Rose-thé *ou* A une robe rose *jouent tout entiers sur des analogies : étoffe et chair, fleur et joue, étoffe et fleur... ; que* Cærulei oculi *annonce, avec moins de lyrisme, moins d'ampleur, des poèmes comme* La Chevelure *ou* Le Serpent qui danse. *Et l'on commence à admettre que Gautier, dans ce domaine, modestement peut-être, ouvre en effet une voie.*

*Il en ouvre d'autres aussi. Non seulement il proclame sa volonté de réduire la poésie à des « mots de lumière... avec des rythmes et une musique », mais il est allé loin dans la démonstration. Maxime Du Camp a fait remarquer le caractère autobiographique de nombreuses pages d'*Émaux et Camées, *ajoutant que cela constitue une particularité dans l'œuvre de Gautier. Ainsi, les poèmes les plus impassibles sont précisément ceux qui exploitent le fonds personnel de l'auteur : ce paradoxe atteste, nous paraît-il, à la fois l'authenticité des prises de position et la réussite du projet ; car c'est seulement si l'œuvre est pure forme que le donné autobiographique peut être utilisé comme n'importe quel autre matériau, sans troubler les couleurs de l'émail, la netteté du camée. Se détachant du moi comme de la politique ou de la morale, s'obstinant à réduire la littérature* *à ses caractères propres, ce recueil dont on goûte d'abord le charme un peu désuet, la culture très datée, l'art mineur mais parfait, mérite bien aussi d'être considéré pour ce pas qui s'y fait vers quelque chose de neuf.*

Claudine Gothot-Mersch.

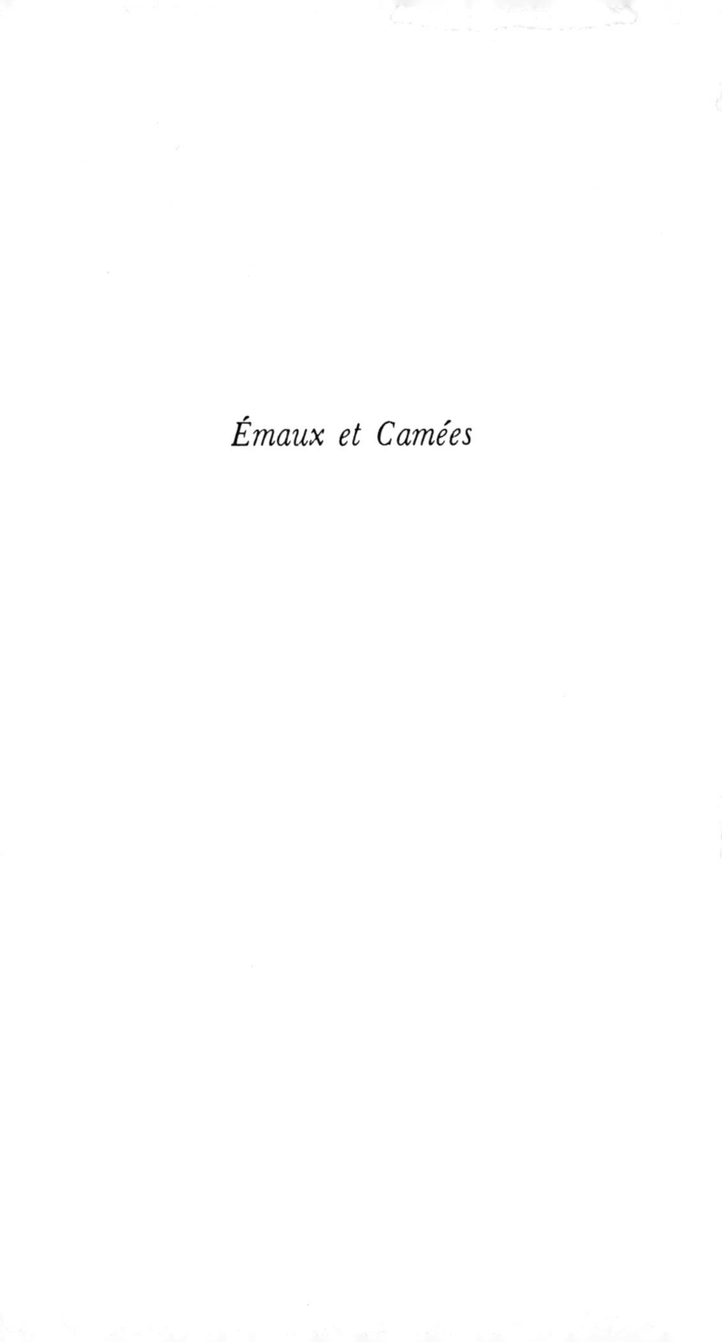

Émaux et Camées

PRÉFACE

1 Pendant les guerres de l'empire,
Gœthe, au bruit du canon brutal,
Fit *le Divan occidental*[1],
Fraîche oasis où l'art respire.

2 Pour Nisami[2] quittant Shakspeare,
Il se parfuma de çantal[3],
Et sur un mètre oriental
Nota le chant qu'Hudhud[4] soupire.

3 Comme Gœthe sur son divan
A Weimar[5] s'isolait des choses
Et d'Hafiz[6] effeuillait les roses,

4 Sans prendre garde à l'ouragan[7]
Qui fouettait mes vitres fermées,
Moi, j'ai fait *Émaux et Camées*[8].

AFFINITÉS SECRÈTES

Madrigal panthéiste

1 Dans le fronton d'un temple antique,
Deux blocs de marbre ont, trois mille ans,
Sur le fond bleu du ciel attique
Juxtaposé leurs rêves blancs ;

2 Dans la même nacre figées,
Larmes des flots pleurant Vénus,
Deux perles au gouffre plongées
Se sont dit des mots inconnus ;

3 Au frais Généralife[1] écloses,
Sous le jet d'eau toujours en pleurs,
Du temps de Boabdil[2], deux roses
Ensemble ont fait jaser leurs fleurs ;

4 Sur les coupoles de Venise
Deux ramiers blancs aux pieds rosés,
Au nid où l'amour s'éternise
Un soir de mai se sont posés.

5 Marbre, perle, rose, colombe,
Tout se dissout, tout se détruit ;
La perle fond, le marbre tombe,
La fleur se fane et l'oiseau fuit.

6 En se quittant, chaque parcelle
S'en va dans le creuset profond
Grossir la pâte universelle
Faite des formes que Dieu fond.

7 Par de lentes métamorphoses,
Les marbres blancs en blanches chairs,
Les fleurs roses en lèvres roses
Se refont dans des corps divers.

8 Les ramiers de nouveau roucoulent
Au cœur de deux jeunes amants,
Et les perles en dents se moulent
Pour l'écrin des rires charmants.

9 De là naissent ces sympathies
Aux impérieuses douceurs,
Par qui les âmes averties
Partout se reconnaissent sœurs.

10 Docile à l'appel d'un arome,
D'un rayon ou d'une couleur,
L'atome vole vers l'atome
Comme l'abeille vers la fleur.

11 L'on se souvient des rêveries
Sur le fronton ou dans la mer,
Des conversations fleuries
Près de la fontaine au flot clair,

12 Des baisers et des frissons d'ailes
Sur les dômes aux boules d'or,
Et les molécules fidèles
Se cherchent et s'aiment encor.

13 L'amour oublié se réveille,
Le passé vaguement renaît,
La fleur sur la bouche vermeille
Se respire et se reconnaît.

14 Dans la nacre où le rire brille,
La perle revoit sa blancheur ;
Sur une peau de jeune fille,
Le marbre ému sent sa fraîcheur.

15 Le ramier trouve une voix douce,
Écho de son gémissement,
Toute résistance s'émousse,
Et l'inconnu devient l'amant.

16 Vous devant qui je brûle et tremble,
Quel flot, quel fronton, quel rosier,
Quel dôme nous connut ensemble,
Perle ou marbre, fleur ou ramier ?

LE POËME DE LA FEMME

Marbre de Paros

1 Un jour, au doux rêveur qui l'aime,
En train de montrer ses trésors,
Elle voulut lire un poëme,
Le poëme de son beau corps.

2 D'abord, superbe et triomphante
Elle vint en grand apparat,
Traînant avec des airs d'infante
Un flot de velours nacarat :

3 Telle qu'au rebord de sa loge
Elle brille aux Italiens[1],
Écoutant passer son éloge
Dans les chants des musiciens.

4 Ensuite, en sa verve d'artiste,
Laissant tomber l'épais velours,
Dans un nuage de batiste
Elle ébaucha ses fiers contours.

5 Glissant de l'épaule à la hanche,
La chemise aux plis nonchalants,
Comme une tourterelle blanche
Vint s'abattre sur ses pieds blancs[2].

6 Pour Apelle[3] ou pour Cléomène[4],
Elle semblait, marbre de chair,
En Vénus Anadyomène[5]
Poser nue au bord de la mer.

7 De grosses perles de Venise
Roulaient au lieu de gouttes d'eau,
Grains laiteux qu'un rayon irise,
Sur le frais satin de sa peau.

8 Oh ! quelles ravissantes choses,
Dans sa divine nudité,
Avec les strophes de ses poses,
Chantait cet hymne de beauté !

9 Comme les flots baisant le sable
Sous la lune aux tremblants rayons,
Sa grâce était intarissable
En molles ondulations.

10 Mais bientôt, lasse d'art antique,
De Phidias et de Vénus,
Dans une autre stance plastique
Elle groupe ses charmes nus.

11 Sur un tapis de Cachemire,
C'est la sultane du sérail,
Riant au miroir qui l'admire
Avec un rire de corail ;

12 La Géorgienne indolente,
Avec son souple narguilhé,
Étalant sa hanche opulente,
Un pied sous l'autre replié.

13 Et comme l'odalisque d'Ingres[6],
De ses reins cambrant les rondeurs,
En dépit des vertus malingres,
En dépit des maigres pudeurs !

14 Paresseuse odalisque, arrière !
Voici le tableau dans son jour,
Le diamant dans sa lumière ;
Voici la beauté dans l'amour !

15 Sa tête penche et se renverse ;
Haletante, dressant les seins,
Aux bras du rêve qui la berce,
Elle tombe sur ses coussins.

16 Ses paupières battent des ailes
Sur leurs globes d'argent bruni,
Et l'on voit monter ses prunelles
Dans la nacre de l'infini.

17 D'un linceul de point d'Angleterre
Que l'on recouvre sa beauté :
L'extase l'a prise à la terre ;
Elle est morte de volupté[7] !

18 Que les violettes de Parme,
Au lieu des tristes fleurs des morts
Où chaque perle est une larme,
Pleurent en bouquets sur son corps !

19 Et que mollement on la pose
Sur son lit, tombeau blanc et doux,
Où le poëte, à la nuit close,
Ira prier à deux genoux.

ÉTUDE DE MAINS

I

IMPÉRIA[1]

1 Chez un sculpteur, moulée en plâtre,
J'ai vu l'autre jour une main
D'Aspasie[2] ou de Cléopâtre,
Pur fragment d'un chef-d'œuvre humain ;

2 Sous le baiser neigeux saisie
Comme un lis par l'aube argenté,
Comme une blanche poésie
S'épanouissait sa beauté.

3 Dans l'éclat de sa pâleur mate
Elle étalait sur le velours
Son élégance délicate
Et ses doigts fins aux anneaux lourds.

4 Une cambrure florentine,
Avec un bel air de fierté,
Faisait, en ligne serpentine,
Onduler son pouce écarté.

5 A-t-elle joué dans les boucles
Des cheveux lustrés de don Juan,
Ou sur son caftan[3] d'escarboucles[4]
Peigné la barbe du sultan,

6 Et tenu, courtisane ou reine,
Entre ses doigts si bien sculptés,
Le sceptre de la souveraine
Ou le sceptre des voluptés ?

7 Elle a dû, nerveuse et mignonne,
Souvent s'appuyer sur le col
Et sur la croupe de lionne
De sa chimère prise au vol.

8 Impériales fantaisies,
Amour des somptuosités ;
Voluptueuses frénésies,
Rêves d'impossibilités,

9 Romans extravagants, poèmes
De haschisch et de vin du Rhin,
Courses folles dans les bohèmes
Sur le dos des coursiers sans frein ;

10 On voit tout cela dans les lignes
De cette paume, livre blanc
Où Vénus a tracé des signes
Que l'amour ne lit qu'en tremblant.

II

LACENAIRE[5]

11 Pour contraste, la main coupée
De Lacenaire l'assassin,
Dans des baumes puissants trempée,
Posait auprès, sur un coussin.

12 Curiosité dépravée !
J'ai touché, malgré mes dégoûts,
Du supplice encor mal lavée
Cette chair froide au duvet roux.

13 Momifiée et toute jaune
Comme la main d'un pharaon,
Elle allonge ses doigts de faune
Crispés par la tentation.

14 Un prurit d'or et de chair vive
Semble titiller de ses doigts
L'immobilité convulsive,
Et les tordre comme autrefois.

15 Tous les vices avec leurs griffes
Ont, dans les plis de cette peau,
Tracé d'affreux hiéroglyphes,
Lus couramment par le bourreau.

16 On y voit les œuvres mauvaises
Écrites en fauves sillons,
Et les brûlures des fournaises
Où bouillent les corruptions ;

17 Les débauches dans les Caprées[6]
Des tripots et des lupanars,
De vin et de sang diaprées,
Comme l'ennui des vieux Césars !

18 En même temps molle et féroce,
Sa forme a pour l'observateur
Je ne sais quelle grâce atroce,
La grâce du gladiateur !

19 Criminelle aristocratie,
Par la varlope ou le marteau
Sa pulpe n'est pas endurcie,
Car son outil fut un couteau.

20 Saints calus du travail honnête,
On y cherche en vain votre sceau.
Vrai meurtrier et faux poëte,
Il fut le Manfred[7] du ruisseau !

VARIATIONS
SUR LE CARNAVAL DE VENISE

I

DANS LA RUE

1 Il est un vieil air populaire
Par tous les violons raclé,
Aux abois des chiens en colère
Par tous les orgues nasillé.

2 Les tabatières à musique
L'ont sur leur répertoire inscrit ;
Pour les serins il est classique,
Et ma grand'mère, enfant, l'apprit.

3 Sur cet air, pistons, clarinettes,
Dans les bals aux poudreux berceaux,
Font sauter commis et grisettes,
Et de leurs nids fuir les oiseaux.

4 La guinguette, sous sa tonnelle
De houblon et de chèvrefeuil,
Fête, en braillant la ritournelle,
Le gai dimanche et l'argenteuil[1].

5 L'aveugle au basson qui pleurniche
L'écorche en se trompant de doigts ;
La sébile aux dents, son caniche
Près de lui le grogne à mi-voix.

6 Et les petites guitaristes,
Maigres sous leurs minces tartans,
Le glapissent de leurs voix tristes
Aux tables des cafés chantants.

7 Paganini, le fantastique,
Un soir, comme avec un crochet,
A ramassé le thème antique
Du bout de son divin archet,

8 Et, brodant la gaze fanée
Que l'oripeau rougit encor,
Fait sur la phrase dédaignée
Courir ses arabesques d'or.

II

SUR LES LAGUNES

9 Tra la, tra la, la, la, la laire !
Qui ne connaît pas ce motif ?
A nos mamans il a su plaire,
Tendre et gai, moqueur et plaintif :

10 L'air du Carnaval de Venise,
Sur les canaux jadis chanté
Et qu'un soupir de folle brise
Dans le ballet a transporté !

11 Il me semble, quand on le joue,
Voir glisser dans son bleu sillon
Une gondole avec sa proue
Faite en manche de violon.

12 Sur une gamme chromatique,
Le sein de perles ruisselant,
La Vénus de l'Adriatique
Sort de l'eau son corps rose et blanc.

13 Les dômes sur l'azur des ondes,
Suivant la phrase au pur contour,
S'enflent comme des gorges rondes
Que soulève un soupir d'amour.

14 L'esquif aborde et me dépose,
Jetant son amarre au pilier,
Devant une façade rose,
Sur le marbre d'un escalier[2].

15 Avec ses palais, ses gondoles,
Ses mascarades sur la mer,
Ses doux chagrins, ses gaîtés folles,
Tout Venise vit dans cet air.

16 Une frêle corde qui vibre
Refait sur un pizzicato,
Comme autrefois joyeuse et libre,
La ville de Canaletto[3] !

III

CARNAVAL

17 Venise pour le bal s'habille.
De paillettes tout étoilé,
Scintille, fourmille et babille
Le carnaval bariolé.

18 Arlequin[4], nègre par son masque,
Serpent par ses mille couleurs,
Rosse d'une note fantasque
Cassandre son souffre-douleurs.

19 Battant de l'aile avec sa manche
Comme un pingouin sur un écueil,
Le blanc Pierrot, par une blanche,
Passe la tête et cligne l'œil.

20 Le Docteur bolonais rabâche
Avec la basse aux sons traînés ;
Polichinelle, qui se fâche,
Se trouve une croche pour nez.

21 Heurtant Trivelin qui se mouche
Avec un trille extravagant,
A Colombine Scaramouche
Rend son éventail ou son gant.

22 Sur une cadence se glisse
Un domino ne laissant voir
Qu'un malin regard en coulisse
Aux paupières de satin noir.

23 Ah ! fine barbe de dentelle,
Que fait voler un souffle pur,
Cet arpège m'a dit : C'est elle !
Malgré tes réseaux, j'en suis sûr,

24 Et j'ai reconnu, rose et fraîche,
Sous l'affreux profil de carton,
Sa lèvre au fin duvet de pêche,
Et la mouche de son menton.

IV

CLAIR DE LUNE SENTIMENTAL

25 A travers la folle risée[5]
Que Saint-Marc renvoie au Lido,
Une gamme monte en fusée,
Comme au clair de lune un jet d'eau...

26 A l'air qui jase d'un ton bouffe
Et secoue au vent ses grelots,
Un regret, ramier qu'on étouffe,
Par instant mêle ses sanglots.

27 Au loin, dans la brume sonore,
Comme un rêve presque effacé,
J'ai revu, pâle et triste encore,
Mon vieil amour de l'an passé.

28 Mon âme en pleurs s'est souvenue
De l'avril, où, guettant au bois
La violette à sa venue,
Sous l'herbe nous mêlions nos doigts...

29 Cette note de chanterelle[6],
Vibrant comme l'harmonica,
C'est la voix enfantine et grêle,
Flèche d'argent qui me piqua.

30 Le son en est si faux, si tendre,
Si moqueur, si doux, si cruel,
Si froid, si brûlant, qu'à l'entendre
On ressent un plaisir mortel,

31 Et que mon cœur, comme la voûte
Dont l'eau pleure dans un bassin,
Laisse tomber goutte par goutte
Ses larmes rouges dans mon sein.

32 Jovial et mélancolique,
Ah ! vieux thème du carnaval,
Où le rire aux larmes réplique,
Que ton charme m'a fait de mal !

SYMPHONIE EN BLANC MAJEUR

1 De leur col blanc courbant les lignes,
On voit dans les contes du Nord,
Sur le vieux Rhin, des femmes-cygnes
Nager en chantant près du bord,

2 Ou, suspendant à quelque branche
Le plumage qui les revêt,
Faire luire leur peau plus blanche
Que la neige de leur duvet.

3 De ces femmes il en est une[1],
Qui chez nous descend quelquefois,
Blanche comme le clair de lune
Sur les glaciers dans les cieux froids ;

4 Conviant la vue enivrée
De sa boréale fraîcheur
A des régals de chair nacrée,
A des débauches de blancheur !

5 Son sein, neige moulée en globe,
Contre les camélias blancs
Et le blanc satin de sa robe
Soutient des combats insolents.

6 Dans ces grandes batailles blanches,
Satins et fleurs ont le dessous,
Et, sans demander leurs revanches,
Jaunissent comme des jaloux.

7 Sur les blancheurs de son épaule,
Paros[2] au grain éblouissant,
Comme dans une nuit du pôle,
Un givre invisible descend.

8 De quel mica de neige vierge,
De quelle moelle de roseau,
De quelle hostie et de quel cierge
A-t-on fait le blanc de sa peau ?

9 A-t-on pris la goutte lactée
Tachant l'azur du ciel d'hiver,
Le lis à la pulpe argentée,
La blanche écume de la mer ;

10 Le marbre blanc, chair froide et pâle,
Où vivent les divinités ;
L'argent mat, la laiteuse opale
Qu'irisent de vagues clartés ;

11 L'ivoire, où ses mains ont des ailes,
Et, comme des papillons blancs,
Sur la pointe des notes frêles
Suspendent leurs baisers tremblants[3] ;

12 L'hermine vierge de souillure,
Qui pour abriter leurs frissons,
Ouate de sa blanche fourrure
Les épaules et les blasons ;

13 Le vif-argent aux fleurs fantasques
Dont les vitraux sont ramagés ;
Les blanches dentelles des vasques,
Pleurs de l'ondine en l'air figés ;

14 L'aubépine de mai qui plie
Sous les blancs frimas de ses fleurs ;
L'albâtre où la mélancolie
Aime à retrouver ses pâleurs ;

15 Le duvet blanc de la colombe,
Neigeant sur les toits du manoir,
Et la stalactite qui tombe,
Larme blanche de l'antre noir ?

16 Des Groenlands et des Norvèges
Vient-elle avec Séraphita[4] ?
Est-ce la Madone des neiges,
Un sphinx blanc que l'hiver sculpta[5],

17 Sphinx enterré par l'avalanche,
Gardien des glaciers étoilés,
Et qui, sous sa poitrine blanche,
Cache de blancs secrets gelés ?

18 Sous la glace où calme il repose,
Oh ! qui pourra fondre ce cœur !
Oh ! qui pourra mettre un ton rose
Dans cette implacable blancheur[6] !

COQUETTERIE POSTHUME

1 Quand je mourrai, que l'on me mette,
Avant de clouer mon cercueil,
Un peu de rouge à la pommette,
Un peu de noir au bord de l'œil.

2 Car je veux dans ma bière close,
Comme le soir de son aveu,
Rester éternellement rose
Avec du kh'ol sous mon œil bleu.

3 Pas de suaire en toile fine,
Mais drapez-moi dans les plis blancs
De ma robe de mousseline,
De ma robe à treize volants.

4 C'est ma parure préférée ;
Je la portais quand je lui plus.
Son premier regard l'a sacrée,
Et depuis je ne la mis plus.

5 Posez-moi, sans jaune immortelle,
Sans coussin de larmes brodé,
Sur mon oreiller de dentelle
De ma chevelure inondé.

6 Cet oreiller, dans les nuits folles,
A vu dormir nos fronts unis,
Et sous le drap noir des gondoles
Compté nos baisers infinis.

7 Entre mes mains de cire pâle,
Que la prière réunit,
Tournez ce chapelet d'opale,
Par le pape à Rome bénit :

8 Je l'égrènerai dans la couche
D'où nul encor ne s'est levé ;
Sa bouche en a dit sur ma bouche
Chaque *Pater* et chaque *Ave*.

DIAMANT DU CŒUR

1 Tout amoureux, de sa maîtresse,
Sur son cœur ou dans son tiroir,
Possède un gage qu'il caresse
Aux jours de regret ou d'espoir.

2 L'un d'une chevelure noire,
Par un sourire encouragé,
A pris une boucle que moire
Un reflet bleu d'aile de geai.

3 L'autre a, sur un cou blanc qui ploie,
Coupé par derrière un flocon
Retors et fin comme la soie
Que l'on dévide du cocon.

4 Un troisième, au fond d'une boîte,
Reliquaire du souvenir,
Cache un gant blanc, de forme étroite,
Où nulle main ne peut tenir.

5 Cet autre, pour s'en faire un charme,
Dans un sachet, d'un chiffre orné,
Coud des violettes de Parme,
Frais cadeau qu'on reprend fané.

6 Celui-ci baise la pantoufle
Que Cendrillon perdit un soir ;
Et celui-ci conserve un souffle
Dans la barbe d'un masque noir.

7 Moi, je n'ai ni boucle lustrée,
Ni gant, ni bouquet, ni soulier,
Mais je garde, empreinte adorée
Une larme sur un papier[1] :

8 Pure rosée, unique goutte,
D'un ciel d'azur tombée un jour,
Joyau sans prix, perle dissoute
Dans la coupe de mon amour[2] !

9 Et, pour moi, cette obscure tache
Reluit comme un écrin d'Ophyr[3],
Et du vélin bleu se détache,
Diamant[4] éclos d'un saphir.

10 Cette larme, qui fait ma joie,
Roula, trésor inespéré,
Sur un de mes vers qu'elle noie,
D'un œil qui n'a jamais pleuré !

PREMIER SOURIRE DU PRINTEMPS

1 Tandis qu'à leurs œuvres perverses
Les hommes courent haletants,
Mars qui rit, malgré les averses,
Prépare en secret le printemps.

2 Pour les petites pâquerettes,
Sournoisement lorsque tout dort,
Il repasse des collerettes
Et cisèle des boutons d'or.

3 Dans le verger et dans la vigne,
Il s'en va, furtif perruquier,
Avec une houppe de cygne,
Poudrer à frimas l'amandier.

4 La nature au lit se repose ;
Lui descend au jardin désert,
Et lace les boutons de rose
Dans leur corset de velours vert.

5 Tout en composant des solfèges,
Qu'aux merles il siffle à mi-voix,
Il sème aux prés les perce-neiges
Et les violettes aux bois.

6 Sur le cresson de la fontaine
Où le cerf boit, l'oreille au guet,
De sa main cachée il égrène
Les grelots d'argent du muguet.

7 Sous l'herbe, pour que tu la cueilles,
Il met la fraise au teint vermeil,
Et te tresse un chapeau de feuilles
Pour te garantir du soleil.

8 Puis, lorsque sa besogne est faite,
Et que son règne va finir,
Au seuil d'avril tournant la tête,
Il dit : « Printemps, tu peux venir ! »

CONTRALTO

1 On voit dans le Musée antique,
Sur un lit de marbre sculpté,
Une statue énigmatique
D'une inquiétante beauté.

2 Est-ce un jeune homme ? est-ce une femme,
Une déesse, ou bien un dieu ?
L'amour, ayant peur d'être infâme,
Hésite et suspend son aveu.

3 Dans sa pose malicieuse,
Elle s'étend, le dos tourné
Devant la foule curieuse,
Sur son coussin capitonné[1].

4 Pour faire sa beauté maudite,
Chaque sexe apporta son don.
Tout homme dit : C'est Aphrodite !
Toute femme : C'est Cupidon !

5 Sexe douteux, grâce certaine,
On dirait ce corps indécis
Fondu, dans l'eau de la fontaine,
Sous les baisers de Salmacis[2].

6 Chimère ardente, effort suprême
De l'art et de la volupté,
Monstre charmant, comme je t'aime
Avec ta multiple beauté !

7 Bien qu'on défende ton approche,
Sous la draperie aux plis droits
Dont le bout à ton pied s'accroche,
Mes yeux ont plongé bien des fois.

8 Rêve de poëte et d'artiste,
Tu m'as bien des nuits occupé,
Et mon caprice qui persiste
Ne convient pas qu'il s'est trompé.

9 Mais seulement il se transpose,
Et, passant de la forme au son,
Trouve dans sa métamorphose
La jeune fille et le garçon.

10 Que tu me plais, ô timbre étrange !
Son double, homme et femme à la fois,
Contralto, bizarre mélange,
Hermaphrodite de la voix !

11 C'est Roméo, c'est Juliette,
Chantant avec un seul gosier ;
Le pigeon rauque et la fauvette
Perchés sur le même rosier ;

12 C'est la châtelaine qui raille
Son beau page parlant d'amour ;
L'amant au pied de la muraille,
La dame au balcon de sa tour ;

13 Le papillon, blanche étincelle,
Qu'en ses détours et ses ébats
Poursuit un papillon fidèle,
L'un volant haut et l'autre bas ;

14 L'ange qui descend et qui monte
Sur l'escalier d'or voltigeant ;
La cloche mêlant dans sa fonte
La voix d'airain, la voix d'argent[3] ;

15 La mélodie et l'harmonie,
Le chant et l'accompagnement ;
A la grâce la force unie,
La maîtresse embrassant l'amant !

16 Sur le pli de sa jupe assise,
Ce soir, ce sera Cendrillon[4]
Causant près du feu qu'elle attise
Avec son ami le grillon ;

17 Demain le valeureux Arsace[5]
A son courroux donnant l'essor,
Ou Tancrède[6] avec sa cuirasse,
Son épée et son casque d'or ;

18 Desdemona chantant le Saule[7],
Zerline bernant Mazetto[8],
Ou Malcolm[9] le plaid sur l'épaule ;
C'est toi que j'aime, ô contralto !

19 Nature charmante et bizarre
Que Dieu d'un double attrait para
Toi qui pourrais, comme Gulnare,
Être le Kaled d'un Lara[10],

20 Et dont la voix, dans sa caresse,
Réveillant le cœur endormi,
Mêle aux soupirs de la maîtresse
L'accent plus mâle de l'ami !

CÆRULEI OCULI[1]

1 Une femme mystérieuse,
Dont la beauté trouble mes sens,
Se tient debout, silencieuse,
Au bord des flots retentissants.

2 Ses yeux, où le ciel se reflète,
Mêlent à leur azur amer,
Qu'étoile une humide paillette,
Les teintes glauques de la mer.

3 Dans les langueurs de leurs prunelles,
Une grâce triste sourit ;
Les pleurs mouillent les étincelles
Et la lumière s'attendrit ;

4 Et leurs cils comme des mouettes
Qui rasent le flot aplani,
Palpitent, ailes inquiètes,
Sur leur azur indéfini[2].

5 Comme dans l'eau bleue et profonde,
Où dort plus d'un trésor coulé,
On y découvre à travers l'onde
La coupe du roi de Thulé[3].

6 Sous leur transparence verdâtre,
Brille parmi le goëmon,
L'autre perle de Cléopâtre[4]
Près de l'anneau de Salomon[5].

7 La couronne au gouffre lancée
Dans la ballade de Schiller[6],
Sans qu'un plongeur l'ait ramassée,
Y jette encor son reflet clair.

8 Un pouvoir magique m'entraîne
Vers l'abîme de ce regard,
Comme au sein des eaux la sirène
Attirait Harald Harfagar[7].

9 Mon âme, avec la violence
D'un irrésistible désir,
Au milieu du gouffre s'élance
Vers l'ombre impossible à saisir.

10 Montrant son sein, cachant sa queue,
La sirène amoureusement
Fait ondoyer sa blancheur bleue
Sous l'émail vert du flot dormant.

11 L'eau s'enfle comme une poitrine
Aux soupirs de la passion ;
Le vent, dans sa conque marine,
Murmure une incantation.

12 « Oh ! viens dans ma couche de nacre,
Mes bras d'onde t'enlaceront ;
Les flots, perdant leur saveur âcre,
Sur ta bouche, en miel couleront.

13 « Laissant bruire sur nos têtes,
La mer qui ne peut s'apaiser,
Nous boirons l'oubli des tempêtes
Dans la coupe de mon baiser. »

14 Ainsi parle la voix humide
De ce regard céruléen,
Et mon cœur, sous l'onde perfide,
Se noie et consomme l'hymen.

RONDALLA

1 Enfant aux airs d'impératrice,
Colombe aux regards de faucon,
Tu me hais, mais c'est mon caprice,
De me planter sous ton balcon.

2 Là, je veux, le pied sur la borne,
Pinçant les nerfs, tapant le bois,
Faire luire à ton carreau morne
Ta lampe et ton front à la fois.

3 Je défends à toute guitare
De bourdonner aux alentours.
Ta rue est à moi : – je la barre
Pour y chanter seul mes amours,

4 Et je coupe les deux oreilles
Au premier racleur de jambon[1]
Qui devant la chambre où tu veilles
Braille un couplet mauvais ou bon.

5 Dans sa gaîne mon couteau bouge ;
Allons, qui veut de l'incarnat ?
A son jabot qui veut du rouge
Pour faire un bouton de grenat ?

6 Le sang dans les veines s'ennuie,
Car il est fait pour se montrer ;
Le temps est noir, gare la pluie !
Poltrons, hâtez-vous de rentrer.

7 Sortez, vaillants ! sortez, bravaches !
L'avant-bras couvert du manteau,
Que sur vos faces de gavaches[2]
J'écrive des croix au couteau !

8 Qu'ils s'avancent ! seuls ou par bande,
De pied ferme je les attends.
A ta gloire il faut que je fende
Les naseaux de ces capitans[3].

9 Au ruisseau qui gêne ta marche
Et pourrait salir tes pieds blancs,
Corps du Christ ! je veux faire une arche
Avec les côtes des galants.

10 Pour te prouver combien je t'aime,
Dis, je tuerai qui tu voudras :
J'attaquerai Satan lui-même,
Si pour linceul j'ai tes deux draps.

11 Porte sourde ! – Fenêtre aveugle !
Tu dois pourtant ouïr ma voix ;
Comme un taureau blessé je beugle,
Des chiens excitant les abois !

12 Au moins plante un clou dans ta porte :
Un clou pour accrocher mon cœur.
A quoi sert que je le remporte
Fou de rage, mort de langueur ?

NOSTALGIES D'OBÉLISQUES

I

L'OBÉLISQUE DE PARIS

1 Sur cette place je m'ennuie,
Obélisque dépareillé ;
Neige, givre, bruine et pluie
Glacent mon flanc déjà rouillé ;

2 Et ma vieille aiguille, rougie
Aux fournaises d'un ciel de feu,
Prend des pâleurs de nostalgie
Dans cet air qui n'est jamais bleu.

3 Devant les colosses moroses
Et les pylônes de Luxor,
Près de mon frère aux teintes roses
Que ne suis-je debout encor,

4 Plongeant dans l'azur immuable
Mon pyramidion[1] vermeil
Et de mon ombre, sur le sable,
Écrivant les pas du soleil !

5 Rhamsès, un jour mon bloc superbe,
Où l'éternité s'ébréchait,
Roula fauché comme un brin d'herbe,
Et Paris s'en fit un hochet[2].

6 La sentinelle granitique,
Gardienne des énormités,
Se dresse entre un faux temple antique
Et la chambre des députés.

7 Sur l'échafaud de Louis seize[3],
Monolithe au sens aboli[4],
On a mis mon secret, qui pèse
Le poids de cinq mille ans d'oubli.

8 Les moineaux francs[5] souillent ma tête,
Où s'abattaient dans leur essor
L'ibis rose et le gypaëte
Au blanc plumage, aux serres d'or.

9 La Seine, noir égout des rues,
Fleuve immonde fait de ruisseaux,
Salit mon pied, que dans ses crues
Baisait le Nil, père des eaux,

10 Le Nil, géant à barbe blanche
Coiffé de lotus et de joncs,
Versant de son urne qui penche
Des crocodiles pour goujons !

11 Les chars d'or étoilés de nacre
Des grands pharaons d'autrefois
Rasaient mon bloc heurté du fiacre
Emportant le dernier des rois.

12 Jadis, devant ma pierre antique,
Le pschent au front, les prêtres saints
Promenaient la bari[6] mystique
Aux emblèmes dorés et peints ;

13 Mais aujourd'hui, pilier profane
Entre deux fontaines campé,
Je vois passer la courtisane
Se renversant dans son coupé.

14 Je vois, de janvier à décembre,
La procession des bourgeois,
Les Solons[7] qui vont à la chambre,
Et les Arthurs[8] qui vont au bois.

15 Oh ! dans cent ans quels laids squelettes
Fera ce peuple impie et fou,
Qui se couche sans bandelettes
Dans des cercueils que ferme un clou,

16 Et n'a pas même d'hypogées
A l'abri des corruptions,
Dortoirs où, par siècles rangées,
Plongent les générations !

17 Sol sacré des hiéroglyphes
Et des secrets sacerdotaux,
Où les sphinx s'aiguisent les griffes
Sur les angles des piédestaux[9] ;

18 Où sous le pied sonne la crypte,
Où l'épervier couve son nid,
Je te pleure, ô ma vieille Égypte,
Avec des larmes de granit !

II

L'OBÉLISQUE DE LUXOR

19 Je veille, unique sentinelle
De ce grand palais dévasté,
Dans la solitude éternelle,
En face de l'immensité.

20 A l'horizon que rien ne borne,
Stérile, muet, infini,
Le désert sous le soleil morne,
Déroule son linceul jauni.

21 Au-dessus de la terre nue,
Le ciel, autre désert d'azur,
Où jamais ne flotte une nue,
S'étale implacablement pur.

22 Le Nil, dont l'eau morte s'étame
D'une pellicule de plomb,
Luit, ridé par l'hippopotame,
Sous un jour mat tombant d'aplomb ;

23 Et les crocodiles rapaces,
Sur le sable en feu des îlots,
Demi-cuits dans leurs carapaces,
Se pâment avec des sanglots.

24 Immobile sur son pied grêle,
L'ibis, le bec dans son jabot,
Déchiffre au bout de quelque stèle
Le cartouche sacré de Thot.

25 L'hyène rit, le chacal miaule,
Et, traçant des cercles dans l'air,
L'épervier affamé piaule,
Noire virgule du ciel clair.

26 Mais ces bruits de la solitude
Sont couverts par le bâillement
Des sphinx, lassés de l'attitude
Qu'ils gardent immuablement.

27 Produit des blancs reflets du sable
Et du soleil toujours brillant,
Nul ennui ne t'est comparable,
Spleen lumineux de l'Orient[10] !

28 C'est toi qui faisais crier : Grâce !
A la satiété des rois
Tombant vaincus sur leur terrasse,
Et tu m'écrases de ton poids.

29 Ici jamais le vent n'essuie
Une larme à l'œil sec des cieux.
Et le temps fatigué s'appuie
Sur les palais silencieux.

30 Pas un accident ne dérange
La face de l'éternité ;
L'Égypte, en ce monde où tout change,
Trône sur l'immobilité.

31 Pour compagnons et pour amies,
Quand l'ennui me prend par accès,
J'ai les fellahs[11] et les momies
Contemporaines de Rhamsès ;

32 Je regarde un pilier qui penche,
Un vieux colosse sans profil
Et les canges à voile blanche
Montant ou descendant le Nil.

33 Que je voudrais comme mon frère,
Dans ce grand Paris transporté,
Auprès de lui, pour me distraire,
Sur une place être planté !

34 Là-bas, il voit à ses sculptures
S'arrêter un peuple vivant,
Hiératiques écritures,
Que l'idée épelle en rêvant.

35 Les fontaines juxtaposées
Sur la poudre de son granit
Jettent leurs brumes irisées ;
Il est vermeil, il rajeunit !

36 Des veines roses de Syène[12]
Comme moi cependant il sort,
Mais je reste à ma place ancienne,
Il est vivant et je suis mort !

VIEUX DE LA VIEILLE[1]

15 décembre

1 Par l'ennui chassé de ma chambre,
J'errais le long du boulevard :
Il faisait un temps de décembre,
Vent froid, fine pluie et brouillard ;

2 Et là je vis, spectacle étrange,
Échappés du sombre séjour,
Sous la bruine et dans la fange,
Passer des spectres en plein jour.

3 Pourtant c'est la nuit que les ombres,
Par un clair de lune allemand,
Dans les vieilles tours en décombres,
Reviennent ordinairement ;

4 C'est la nuit que les Elfes sortent
Avec leur robe humide au bord,
Et sous les nénuphars emportent
Leur valseur de fatigue mort[2] ;

5 C'est la nuit qu'a lieu la revue
Dans la ballade de Zedlitz[3],
Où l'Empereur, ombre entrevue,
Compte les ombres d'Austerlitz.

6 Mais des spectres près du Gymnase,
A deux pas des Variétés[4],
Sans brume ou linceul qui les gaze,
Des spectres mouillés et crottés !

7 Avec ses dents jaunes de tartre,
Son crâne de mousse verdi,
A Paris, boulevard Montmartre,
Mob[5] se montrant en plein midi !

8 La chose vaut qu'on la regarde :
Trois fantômes de vieux grognards,
En uniformes de l'ex-garde,
Avec deux ombres de hussards !

9 On eût dit la lithographie
Où, dessinés par un rayon,
Les morts, que Raffet[6] déifie,
Passent, criant : Napoléon !

10 Ce n'était pas les morts qu'éveille
Le son du nocturne tambour,
Mais bien quelques *vieux de la vieille*
Qui célébraient le grand retour[7].

11 Depuis la suprême bataille,
L'un a maigri, l'autre a grossi ;
L'habit jadis fait à leur taille,
Est trop grand ou trop rétréci.

12 Nobles lambeaux, défroque épique,
Saints haillons, qu'étoile une croix,
Dans leur ridicule héroïque
Plus beaux que des manteaux de rois !

13 Un plumet énervé[8] palpite
Sur leur kolbach[9] fauve et pelé ;
Près des trous de balle, la mite
A rongé leur dolman[10] criblé ;

14 Leur culotte de peau trop large
Fait mille plis sur leur fémur ;
Leur sabre rouillé, lourde charge,
Creuse le sol et bat le mur ;

15 Ou bien un embonpoint grotesque,
Avec grand'peine boutonné,
Fait un poussah[11], dont on rit presque,
Du vieux héros tout chevronné.

16 Ne les raillez pas, camarade ;
Saluez plutôt chapeau bas
Ces Achilles d'une Iliade
Qu'Homère n'inventerait pas.

17 Respectez leur tête chenue !
Sur leur front par vingt cieux bronzé,
La cicatrice continue
Le sillon que l'âge a creusé.

18 Leur peau, bizarrement noircie,
Dit l'Égypte aux soleils brûlants ;
Et les neiges de la Russie
Poudrent encor leurs cheveux blancs.

19 Si leurs mains tremblent, c'est sans doute
Du froid de la Bérésina[12] ;
Et s'ils boitent, c'est que la route
Est longue du Caire à Wilna[13] ;

20 S'ils sont perclus, c'est qu'à la guerre
Les drapeaux étaient leurs seuls draps ;
Et si leur manche ne va guère,
C'est qu'un boulet a pris leur bras.

21 Ne nous moquons pas de ces hommes
Qu'en riant le gamin poursuit ;
Ils furent le jour dont nous sommes
Le soir et peut-être la nuit.

22 Quand on oublie, ils se souviennent !
Lancier rouge et grenadier bleu,
Au pied de la colonne[14], ils viennent
Comme à l'autel de leur seul dieu.

23 Là, fiers de leur longue souffrance,
Reconnaissants des maux subis,
Ils sentent le cœur de la France
Battre sous leurs pauvres habits.

24 Aussi les pleurs trempent le rire
En voyant ce saint carnaval,
Cette mascarade d'empire
Passer comme un matin de bal ;

25 Et l'aigle de la grande armée
Dans le ciel qu'emplit son essor,
Du fond d'une gloire enflammée,
Étend sur eux ses ailes d'or !

TRISTESSE EN MER

1 Les mouettes volent et jouent ;
Et les blancs coursiers de la mer[1],
Cabrés sur les vagues, secouent
Leurs crins échevelés dans l'air.

2 Le jour tombe ; une fine pluie
Éteint les fournaises du soir,
Et le steam-boat crachant la suie
Rabat son long panache noir.

3 Plus pâle que le ciel livide
Je vais au pays du charbon,
Du brouillard et du suicide[2] ;
– Pour se tuer le temps est bon.

4 Mon désir avide se noie
Dans le gouffre amer[3] qui blanchit ;
Le vaisseau danse, l'eau tournoie,
Le vent de plus en plus fraîchit.

5 Oh ! Je me sens l'âme navrée ;
L'Océan gonfle, en soupirant,
Sa poitrine désespérée,
Comme un ami qui me comprend.

6 Allons, peines d'amour perdues[4],
Espoirs lassés, illusions
Du socle idéal descendues,
Un saut dans les moites sillons !

7 A la mer, souffrances passées,
Qui revenez toujours, pressant
Vos blessures cicatrisées
Pour leur faire pleurer du sang !

8 A la mer, spectres de mes rêves,
Regrets aux mortelles pâleurs
Dans un cœur rouge ayant sept glaives,
Comme la Mère des douleurs.

9 Chaque fantôme plonge et lutte
Quelques instants avec le flot
Qui sur lui ferme sa volute
Et l'engloutit dans un sanglot.

10 Lest de l'âme, pesant bagage,
Trésors misérables et chers,
Sombrez, et dans votre naufrage
Je vais vous suivre au fond des mers !

11 Bleuâtre, enflé, méconnaissable,
Bercé par le flot qui bruit,
Sur l'humide oreiller du sable
Je dormirai bien cette nuit !

12 ... Mais une femme dans sa mante
Sur le pont assise à l'écart,
Une femme jeune et charmante
Lève vers moi son long regard.

13 Dans ce regard, à ma détresse
La Sympathie aux bras ouverts
Parle et sourit, sœur ou maîtresse.
Salut, yeux bleus ! bonsoir, flots verts !

14 Les mouettes volent et jouent ;
Et les blancs coursiers de la mer,
Cabrés sur les vagues, secouent
Leurs crins échevelés dans l'air[5].

A UNE ROBE ROSE

1 Que tu me plais dans cette robe
Qui te déshabille si bien,
Faisant jaillir ta gorge en globe,
Montrant tout nu ton bras païen !

2 Frêle comme une aile d'abeille,
Frais comme un cœur de rose-thé,
Son tissu, caresse vermeille,
Voltige autour de ta beauté.

3 De l'épiderme sur la soie
Glissent des frissons argentés,
Et l'étoffe à la chair renvoie
Ses éclairs roses reflétés.

4 D'où te vient cette robe étrange
Qui semble faite de ta chair,
Trame vivante qui mélange
Avec ta peau son rose clair ?

5 Est-ce à la rougeur de l'aurore,
A la coquille de Vénus,
Au bouton de sein près d'éclore,
Que sont pris ces tons inconnus ?

6 Ou bien l'étoffe est-elle teinte
Dans les roses de ta pudeur ?
Non ; vingt fois modelée et peinte,
Ta forme connaît sa splendeur.

7 Jetant le voile qui te pèse,
Réalité que l'art rêva,
Comme la princesse Borghèse
Tu poserais pour Canova[1].

8 Et ces plis roses sont les lèvres
De mes désirs inapaisés,
Mettant au corps dont tu les sèvres
Une tunique de baisers.

LE MONDE EST MÉCHANT

1 Le monde est méchant, ma petite :
Avec son sourire moqueur
Il dit qu'à ton côté palpite
Une montre en place de cœur.

2 – Pourtant ton sein ému s'élève
Et s'abaisse comme la mer,
Aux bouillonnements de la sève
Circulant sous ta jeune chair.

3 Le monde est méchant, ma petite :
Il dit que tes yeux vifs sont morts
Et se meuvent dans leur orbite
A temps égaux et par ressorts.

4 – Pourtant une larme irisée
Tremble à tes cils, mouvant rideau,
Comme une perle de rosée
Qui n'est pas prise au verre d'eau.

5 Le monde est méchant, ma petite :
Il dit que tu n'as pas d'esprit,
Et que les vers qu'on te récite
Sont pour toi comme du sanscrit.

6 — Pourtant, sur ta bouche vermeille,
Fleur s'ouvrant et se refermant,
Le rire, intelligente abeille,
Se pose à chaque trait charmant.

7 C'est que tu m'aimes, ma petite,
Et que tu hais tous ces gens-là.
Quitte-moi ; — comme ils diront vite :
Quel cœur et quel esprit elle a !

INÈS DE LAS SIERRAS

A la Petra Camara

1 Nodier raconte qu'en Espagne
Trois officiers cherchant un soir
Une venta[1] dans la campagne,
Ne trouvèrent qu'un vieux manoir ;

2 Un vrai château d'Anne Radcliffe[2],
Aux plafonds que le temps ploya,
Aux vitraux rayés par la griffe
Des chauves-souris de Goya,

3 Aux vastes salles délabrées,
Aux couloirs livrant leur secret,
Architectures effondrées
Où Piranèse[3] se perdrait.

4 Pendant le souper, que regarde
Une collection d'aïeux
Dans leurs cadres montant la garde,
Un cri répond aux chants joyeux ;

5 D'un long corridor en décombres,
Par la lune bizarrement
Entrecoupé de clairs et d'ombres,
Débusque un fantôme charmant ;

6 Peigne au chignon, basquine[4] aux hanches,
Une femme accourt en dansant,
Dans les bandes noires et blanches
Apparaissant, disparaissant.

7 Avec une volupté morte,
Cambrant les reins, penchant le cou,
Elle s'arrête sur la porte,
Sinistre et belle à rendre fou.

8 Sa robe, passée et fripée
Au froid humide des tombeaux,
Fait luire, d'un rayon frappée,
Quelques paillons sur ses lambeaux ;

9 D'un pétale découronnée
A chaque soubresaut nerveux,
Sa rose, jaunie et fanée,
S'effeuille dans ses noirs cheveux.

10 Une cicatrice, pareille
A celle d'un coup de poignard,
Forme une couture vermeille
Sur sa gorge d'un ton blafard ;

11 Et ses mains pâles et fluettes,
Au nez des soupeurs pleins d'effroi
Entre-choquent les castagnettes,
Comme des dents claquant de froid.

12 Elle danse, morne bacchante,
La cachucha[5] sur un vieil air,
D'une grâce si provocante,
Qu'on la suivrait même en enfer.

13 Ses cils palpitent sur ses joues
Comme des ailes d'oiseau noir,
Et sa bouche arquée a des moues
A mettre un saint au désespoir.

14 Quand de sa jupe qui tournoie
Elle soulève le volant,
Sa jambe, sous le bas de soie,
Prend des lueurs de marbre blanc.

15 Elle se penche jusqu'à terre,
Et sa main, d'un geste coquet,
Comme on fait des fleurs d'un parterre,
Groupe les désirs en bouquet.

16 Est-ce un fantôme ? est-ce une femme ?
Un rêve, une réalité,
Qui scintille comme une flamme
Dans un tourbillon de beauté ?

17 Cette apparition fantasque,
C'est l'Espagne du temps passé,
Aux frissons du tambour de basque
S'élançant de son lit glacé,

18 Et brusquement ressuscitée
Dans un suprême boléro,
Montrant sous sa jupe argentée
La *divisa*[6] prise au taureau.

19 La cicatrice qu'elle porte,
C'est le coup de grâce donné
A la génération morte
Par chaque siècle nouveau-né.

20 J'ai vu ce fantôme au Gymnase,
Où Paris entier l'admira,
Lorsque dans son linceul de gaze,
Parut la Petra Camara,

21 Impassible et passionnée,
Fermant ses yeux morts de langueur,
Et comme Inès l'assassinée,
Dansant un poignard dans le cœur[7] !

ODELETTE ANACRÉONTIQUE

1 Pour que je t'aime, ô mon poëte,
Ne fais pas fuir par trop d'ardeur
Mon amour, colombe inquiète,
Au ciel rose de la pudeur.

2 L'oiseau qui marche dans l'allée
S'effraye et part au moindre bruit ;
Ma passion est chose ailée
Et s'envole quand on la suit.

3 Muet comme l'Hermès de marbre,
Sous la charmille pose-toi ;
Tu verras bientôt de son arbre
L'oiseau descendre sans effroi.

4 Tes tempes sentiront près d'elles,
Avec des souffles de fraîcheur,
Une palpitation d'ailes
Dans un tourbillon de blancheur,

5 Et la colombe apprivoisée
Sur ton épaule s'abattra,
Et son bec à pointe rosée
De ton baiser s'enivrera[1].

FUMÉE

1 Là-bas, sous les arbres s'abrite
Une chaumière au dos bossu ;
Le toit penche, le mur s'effrite,
Le seuil de la porte est moussu.

2 La fenêtre, un volet la bouche ;
Mais du taudis, comme au temps froid
La tiède haleine d'une bouche,
La respiration se voit.

3 Un tire-bouchon de fumée,
Tournant son mince filet bleu,
De l'âme en ce bouge enfermée
Porte des nouvelles à Dieu.

APOLLONIE

1 J'aime ton nom d'Apollonie,
Écho grec du sacré vallon,
Qui, dans sa robuste harmonie,
Te baptise sœur d'Apollon.

2 Sur la lyre au plectre d'ivoire,
Ce nom splendide et souverain,
Beau comme l'amour et la gloire,
Prend des résonances d'airain.

3 Classique, il fait plonger les Elfes
Au fond de leur lac allemand,
Et seule la Pythie à Delphes
Pourrait le porter dignement,

4 Quand relevant sa robe antique
Elle s'assoit au trépied d'or,
Et dans sa pose fatidique
Attend le dieu qui tarde encor.

L'AVEUGLE

1 Un aveugle au coin d'une borne,
Hagard comme au jour un hibou,
Sur son flageolet, d'un air morne,
Tâtonne en se trompant de trou,

2 Et joue un ancien vaudeville
Qu'il fausse imperturbablement ;
Son chien le conduit par la ville,
Spectre diurne à l'œil dormant.

3 Les jours sur lui passent sans luire ;
Sombre, il entend le monde obscur,
Et la vie invisible bruire
Comme un torrent derrière un mur !

4 Dieu sait quelles chimères noires
Hantent cet opaque cerveau !
Et quels illisibles grimoires
L'idée écrit en ce caveau !

5 Ainsi dans les puits de Venise[1],
Un prisonnier à demi fou,
Pendant sa nuit qui s'éternise,
Grave des mots avec un clou.

6 Mais peut-être aux heures funèbres,
Quand la mort souffle le flambeau,
L'âme habituée aux ténèbres
Y verra clair dans le tombeau !

LIED

1 Au mois d'avril, la terre est rose,
Comme la jeunesse et l'amour ;
Pucelle encore, à peine elle ose
Payer le Printemps de retour.

2 Au mois de juin, déjà plus pâle
Et le cœur de désir troublé,
Avec l'Été tout brun de hâle
Elle se cache dans le blé.

3 Au mois d'août, bacchante enivrée,
Elle offre à l'Automne son sein,
Et roulant sur la peau tigrée,
Fait jaillir le sang du raisin[1].

4 En décembre, petite vieille,
Par les frimas poudrée à blanc,
Dans ses rêves elle réveille
L'Hiver auprès d'elle ronflant.

FANTAISIES D'HIVER

I

1 Le nez rouge, la face blême,
Sur un pupitre de glaçons,
L'Hiver exécute son thème
Dans le quatuor des saisons.

2 Il chante d'une voix peu sûre
Des airs vieillots et chevrotants ;
Son pied glacé bat la mesure
Et la semelle en même temps ;

3 Et comme Hændel[1], dont la perruque
Perdait sa farine en tremblant,
Il fait envoler de sa nuque
La neige qui la poudre à blanc.

II

4 Dans le bassin des Tuileries,
Le cygne s'est pris en nageant[2],
Et les arbres, comme aux féeries,
Sont en filigrane d'argent.

5 Les vases ont des fleurs de givre,
Sous la charmille aux blancs réseaux ;
Et sur la neige on voit se suivre
Les pas étoilés des oiseaux.

6 Au piédestal où, court-vêtue,
Vénus coudoyait Phocion[3],
L'Hiver a posé pour statue
La Frileuse de Clodion[4].

III

7 Les femmes passent sous les arbres
En martre, hermine et menu-vair,
Et les déesses, frileux marbres,
Ont pris aussi l'habit d'hiver.

8 La Vénus Anadyomène[5]
Est en pelisse à capuchon ;
Flore, que la brise malmène,
Plonge ses mains dans son manchon.

9 Et pour la saison, les bergères
De Coysevox[6] et de Coustou[7],
Trouvant leurs écharpes légères,
Ont des boas autour du cou.

IV

10 Sur la mode Parisienne
Le Nord pose ses manteaux lourds,
Comme sur une Athénienne
Un Scythe étendrait sa peau d'ours.

11 Partout se mélange aux parures
Dont Palmyre[8] habille l'Hiver,
Le faste russe des fourrures
Que parfume le vétyver.

12 Et le Plaisir rit dans l'alcôve
Quand, au milieu des Amours nus,
Des poils roux d'une bête fauve
Sort le torse blanc de Vénus.

V

13 Sous le voile qui vous protège,
Défiant les regards jaloux,
Si vous sortez par cette neige,
Redoutez vos pieds andalous ;

14 La neige saisit comme un moule
L'empreinte de ce pied mignon
Qui, sur le tapis blanc qu'il foule,
Signe, à chaque pas, votre nom.

15 Ainsi guidé, l'époux morose
Peut parvenir au nid caché
Où, de froid la joue encor rose,
A l'Amour s'enlace Psyché.

LA SOURCE

1 Tout près du lac[1] filtre une source,
Entre deux pierres, dans un coin ;
Allégrement l'eau prend sa course
Comme pour s'en aller bien loin.

2 Elle murmure : Oh ! quelle joie !
Sous la terre il faisait si noir !
Maintenant ma rive verdoie,
Le ciel se mire à mon miroir.

3 Les myosotis aux fleurs bleues
Me disent : Ne m'oubliez pas !
Les libellules de leurs queues
M'égratignent dans leurs ébats ;

4 A ma coupe l'oiseau s'abreuve ;
Qui sait ? – Après quelques détours
Peut-être deviendrai-je un fleuve
Baignant vallons, rochers et tours.

5 Je broderai de mon écume
Ponts de pierre, quais de granit,
Emportant le steamer qui fume
A l'Océan où tout finit.

6 Ainsi la jeune source jase,
Formant cent projets d'avenir ;
Comme l'eau qui bout dans un vase,
Son flot ne peut se contenir ;

7 Mais le berceau touche à la tombe ;
Le géant futur meurt petit ;
Née à peine, la source tombe
Dans le grand lac qui l'engloutit[2] !

BÛCHERS ET TOMBEAUX

1 Le squelette était invisible
Au temps heureux de l'Art païen ;
L'homme, sous la forme sensible,
Content du beau, ne cherchait rien.

2 Pas de cadavre sous la tombe,
Spectre hideux de l'être cher,
Comme d'un vêtement qui tombe
Se déshabillant de sa chair,

3 Et quand la pierre se lézarde,
Parmi les épouvantements,
Montrant à l'œil qui s'y hasarde
Une armature d'ossements ;

4 Mais au feu du bûcher ravie
Une pincée entre les doigts,
Résidu léger de la vie,
Qu'enserrait l'urne aux flancs étroits ;

5 Ce que le papillon de l'âme
Laisse de poussière après lui,
Et ce qui reste de la flamme
Sur le trépied, quand elle a lui !

6 Entre les fleurs et les acanthes,
Dans le marbre joyeusement,
Amours, ægipans[1] et bacchantes
Dansaient autour du monument ;

7 Tout au plus un petit génie
Du pied éteignait un flambeau ;
Et l'art versait son harmonie
Sur la tristesse du tombeau.

8 Les tombes étaient attrayantes :
Comme on fait d'un enfant qui dort,
D'images douces et riantes
La vie enveloppait la mort ;

9 La mort dissimulait sa face
Aux trous profonds, au nez camard,
Dont la hideur railleuse efface
Les chimères du cauchemar.

10 Le monstre, sous la chair splendide
Cachait son fantôme inconnu,
Et l'œil de la vierge candide
Allait au bel éphèbe nu.

11 Seulement, pour pousser à boire,
Au banquet de Trimalcion[2],
Une larve, joujou d'ivoire,
Faisait son apparition ;

12 Des dieux que l'art toujours révère
Trônaient au ciel marmoréen ;
Mais l'Olympe cède au Calvaire,
Jupiter au Nazaréen ;

13 Une voix dit : Pan est mort[3] ! – L'ombre
S'étend. – Comme sur un drap noir,
Sur la tristesse immense et sombre
Le blanc squelette se fait voir ;

14 Il signe les pierres funèbres
De son paraphe de fémurs,
Pend son chapelet de vertèbres
Dans les charniers, le long des murs,

15 Des cercueils lève le couvercle
Avec ses bras aux os pointus ;
Dessine ses côtes en cercle
Et rit de son large rictus[4] ;

16 Il pousse à la danse macabre
L'empereur, le pape et le roi,
Et de son cheval qui se cabre
Jette bas le preux plein d'effroi ;

17 Il entre chez la courtisane
Et fait des mines au miroir,
Du malade il boit la tisane,
De l'avare ouvre le tiroir ;

18 Piquant l'attelage qui rue
Avec un os pour aiguillon,
Du laboureur à la charrue
Termine en fosse le sillon ;

19 Et, parmi la foule priée,
Hôte inattendu, sous le banc,
Vole à la pâle mariée
Sa jarretière de ruban.

20 A chaque pas grossit la bande ;
Le jeune au vieux donne la main ;
L'irrésistible sarabande
Met en branle le genre humain.

21 Le spectre en tête se déhanche,
Dansant et jouant du rebec[5],
Et sur fond noir, en couleur blanche,
Holbein l'esquisse d'un trait sec[6].

22 Quand le siècle devient frivole
Il suit la mode ; en tonnelet[7]
Retrousse son linceul et vole
Comme un Cupidon de ballet

23 Au tombeau-sofa des marquises
Qui reposent, lasses d'amour,
En des attitudes exquises,
Dans les chapelles Pompadour[8].

24 Mais voile-toi, masque sans joues,
Comédien que le ver mord,
Depuis assez longtemps tu joues
Le mélodrame de la Mort.

25 Reviens, reviens, bel art antique,
De ton paros[9] étincelant
Couvrir ce squelette gothique ;
Dévore-le, bûcher brûlant !

26 Si nous sommes une statue
Sculptée à l'image de Dieu,
Quand cette image est abattue,
Jetons-en les débris au feu.

27 Toi, forme immortelle, remonte
Dans la flamme aux sources du beau,
Sans que ton argile ait la honte
Et les misères du tombeau !

LE SOUPER DES ARMURES

1 Biorn, étrange cénobite[1],
Sur le plateau d'un roc pelé,
Hors du temps et du monde, habite
La tour d'un burg démantelé.

2 De sa porte l'esprit moderne
En vain soulève le marteau.
Biorn verrouille sa poterne
Et barricade son château.

3 Quand tous ont les yeux vers l'aurore,
Biorn, sur son donjon perché,
A l'horizon contemple encore
La place du soleil couché.

4 Âme rétrospective, il loge
Dans son burg et dans le passé ;
Le pendule de son horloge
Depuis des siècles est cassé.

5 Sous ses ogives féodales
Il erre, éveillant les échos,
Et ses pas, sonnant sur les dalles,
Semblent suivis de pas égaux.

6 Il ne voit ni laïcs, ni prêtres,
Ni gentilshommes, ni bourgeois,
Mais les portraits de ses ancêtres
Causent avec lui quelquefois.

7 Et certains soirs, pour se distraire,
Trouvant manger seul ennuyeux,
Biorn, caprice funéraire,
Invite à souper ses aïeux.

8 Les fantômes, quand minuit sonne,
Viennent armés de pied en cap ;
Biorn, qui malgré lui frissonne,
Salue en haussant son hanap.

9 Pour s'asseoir, chaque panoplie
Fait un angle avec son genou,
Dont l'articulation plie
En grinçant comme un vieux verrou ;

10 Et tout d'une pièce, l'armure,
D'un corps absent gauche cercueil,
Rendant un creux et sourd murmure,
Tombe entre les bras du fauteuil.

11 Landgraves, rhingraves, burgraves[2],
Venus du ciel ou de l'enfer,
Ils sont tous là, muets et graves,
Les roides convives de fer !

12 Dans l'ombre, un rayon fauve indique
Un monstre, guivre[3], aigle à deux cous,
Pris au bestiaire héraldique
Sur les cimiers faussés de coups.

13 Du mufle des bêtes difformes
Dressant leurs ongles arrogants,
Partent des panaches énormes,
Des lambrequins extravagants ;

14 Mais les casques ouverts sont vides
Comme les timbres du blason[4] ;
Seulement deux flammes livides
Y luisent d'étrange façon.

15 Toute la ferraille est assise
Dans la salle du vieux manoir,
Et, sur le mur, l'ombre indécise
Donne à chaque hôte un page noir.

16 Les liqueurs aux feux des bougies
Ont des pourpres d'un ton suspect ;
Les mets dans leurs sauces rougies
Prennent un singulier aspect.

17 Parfois un corselet miroite,
Un morion[5] brille un moment ;
Une pièce qui se déboîte
Choit sur la nappe lourdement.

18 L'on entend les battements d'ailes
D'invisibles chauves-souris,
Et les drapeaux des infidèles
Palpitent le long du lambris.

19 Avec des mouvements fantasques
Courbant leurs phalanges d'airain,
Les gantelets versent aux casques
Des rasades de vin du Rhin,

20 Ou découpent au fil des dagues
Des sangliers sur des plats d'or...
Cependant passent des bruits vagues
Par les orgues du corridor.

21 La débauche devient farouche,
On n'entendrait pas tonner Dieu ;
Car, lorsqu'un fantôme découche,
C'est le moins qu'il s'amuse un peu.

22 Et la fantastique assemblée
Se tracassant dans son harnois[6],
L'orgie a sa rumeur doublée
Du tintamarre des tournois.

23 Gobelets, hanaps, vidrecomes[7],
Vidés toujours, remplis en vain,
Entre les mâchoires des heaumes
Forment des cascades de vin.

24 Les hauberts en bombent leurs ventres,
Et le flot monte aux gorgerins ;
– Ils sont tous gris comme des chantres,
Les vaillants comtes suzerains !

25 L'un allonge dans la salade
Nonchalamment ses pédieux[8],
L'autre à son compagnon malade
Fait un sermon fastidieux.

26 Et des armures peu bégueules
Rappellent, dardant leur boisson,
Les lions lampassés de gueules[9]
Blasonnés sur leur écusson.

27 D'une voix encore enrouée
Par l'humidité du caveau,
Max fredonne, ivresse enjouée,
Un lied, en treize cents, nouveau.

28 Albrecht, ayant le vin féroce,
Se querelle avec ses voisins,
Qu'il martèle, bossue et rosse,
Comme il faisait des Sarrasins.

29 Échauffé, Fritz ôte son casque,
Jadis par un crâne habité,
Ne pensant pas que sans son masque
Il semble un tronc décapité.

30 Bientôt ils roulent pêle-mêle
Sous la table, parmi les brocs,
Tête en bas, montrant la semelle
De leurs souliers courbés en crocs.

31 C'est un hideux champ de bataille
Où les pots heurtent les armets[10],
Où chaque mort par quelque entaille,
Au lieu de sang vomit des mets.

32 Et Biorn, le poing sur la cuisse,
Les contemple, morne et hagard,
Tandis que, par le vitrail suisse,
L'aube jette son bleu regard.

33 La troupe, qu'un rayon traverse,
Pâlit comme au jour un flambeau,
Et le plus ivrogne se verse
Le coup d'étrier du tombeau.

34 Le coq chante, les spectres fuient
Et, reprenant un air hautain,
Sur l'oreiller de marbre appuient
Leurs têtes lourdes du festin !

LA MONTRE

1 Deux fois je regarde ma montre,
Et deux fois à mes yeux distraits
L'aiguille au même endroit se montre ;
Il est une heure... une heure après.

2 La figure de la pendule
En rit dans le salon voisin,
Et le timbre d'argent module
Deux coups vibrant comme un tocsin.

3 Le cadran solaire me raille
En m'indiquant, de son long doigt,
Le chemin que sur la muraille
A fait son ombre qui s'accroît.

4 Le clocher avec ironie
Dit le vrai chiffre et le beffroi,
Reprenant la note finie,
A l'air de se moquer de moi.

5 Tiens ! la petite bête est morte.
Je n'ai pas mis hier encor,
Tant ma rêverie était forte,
Au trou de rubis la clef d'or !

6 Et je ne vois plus, dans sa boîte,
Le fin ressort du balancier
Aller, venir, à gauche, à droite,
Ainsi qu'un papillon d'acier.

7 C'est bien de moi ! Quand je chevauche
L'Hippogriffe[1], au pays du Bleu,
Mon corps sans âme se débauche,
Et s'en va comme il plaît à Dieu !

8 L'éternité poursuit son cercle
Autour de ce cadran muet,
Et le temps, l'oreille au couvercle,
Cherche ce cœur qui remuait ;

9 Ce cœur que l'enfant croit en vie,
Et dont chaque pulsation
Dans notre poitrine est suivie
D'une égale vibration,

10 Il ne bat plus, mais son grand frère
Toujours palpite à mon côté.
– Celui que rien ne peut distraire,
Quand je dormais, l'a remonté !

LES NÉRÉIDES[1]

1 J'ai dans ma chambre une aquarelle
Bizarre, et d'un peintre avec qui
Mètre et rime sont en querelle,
– Théophile Kniatowski[2].

2 Sur l'écume blanche qui frange
Le manteau glauque de la mer
Se groupent en bouquet étrange
Trois nymphes, fleurs du gouffre amer[3].

3 Comme des lis noyés, la houle
Fait dans sa volute d'argent
Danser leurs beaux corps qu'elle roule,
Les élevant, les submergeant.

4 Sur leurs têtes blondes, coiffées
De pétoncles[4] et de roseaux,
Elles mêlent, coquettes fées,
L'écrin et la flore des eaux.

5 Vidant sa nacre, l'huître à perle
Constelle de son blanc trésor
Leur gorge, où le flot qui déferle
Suspend d'autres perles encor.

6 Et, jusqu'aux hanches soulevées
Par le bras des Tritons[5] nerveux,
Elles luisent, d'azur lavées,
Sous l'or vert de leurs longs cheveux.

7 Plus bas, leur blancheur sous l'eau bleue
Se glace d'un visqueux frisson,
Et le torse finit en queue[6],
Moitié femme, moitié poisson.

8 Mais qui regarde la nageoire
Et les reins aux squameux replis,
En voyant les bustes d'ivoire
Par le baiser des mers polis ?

9 A l'horizon, – piquant mélange
De fable et de réalité, –
Paraît un vaisseau qui dérange
Le chœur marin épouvanté.

10 Son pavillon est tricolore ;
Son tuyau vomit la vapeur ;
Ses aubes fouettent l'eau sonore,
Et les nymphes plongent de peur.

11 Sans crainte elles suivaient par troupes
Les trirèmes de l'Archipel[7],
Et les dauphins, arquant leurs croupes,
D'Arion[8] attendaient l'appel.

12 Mais le steam-boat avec ses roues,
Comme Vulcain battant Vénus,
Souffletterait leurs belles joues
Et meurtrirait leurs membres nus.

13 Adieu, fraîche mythologie !
Le paquebot passe et, de loin,
Croit voir sur la vague élargie
Une culbute de marsouin.

LES ACCROCHE-CŒURS

1 Ravivant les langueurs nacrées
De tes yeux battus et vainqueurs,
En mèches de parfum lustrées
Se courbent deux accroche-cœurs.

2 A voir s'arrondir sur tes joues
Leurs orbes tournés par tes doigts,
On dirait les petites roues
Du char de Mab[1] fait d'une noix ;

3 Ou l'arc de l'Amour dont les pointes,
Pour une flèche à décocher,
En cercle d'or se sont rejointes
A la tempe du jeune archer.

4 Pourtant un scrupule me trouble,
Je n'ai qu'un cœur, alors pourquoi,
Coquette, un accroche-cœur double ?
Qui donc y pends-tu près de moi?

LA ROSE-THÉ

1 La plus délicate des roses
Est, à coup sûr, la rose-thé.
Son bouton aux feuilles mi-closes
De carmin à peine est teinté.

2 On dirait une rose blanche
Qu'aurait fait rougir de pudeur,
En la lutinant sur la branche,
Un papillon trop plein d'ardeur.

3 Son tissu rose et diaphane
De la chair a le velouté ;
Auprès, tout incarnat se fane
Ou prend de la vulgarité.

4 Comme un teint aristocratique
Noircit les fronts bruns de soleil,
De ses sœurs elle rend rustique
Le coloris chaud et vermeil.

5 Mais, si votre main qui s'en joue,
A quelque bal, pour son parfum,
La rapproche de votre joue,
Son frais éclat devient commun.

6 Il n'est pas de rose assez tendre
Sur la palette du printemps,
Madame, pour oser prétendre
Lutter contre vos dix-sept ans.

7 La peau vaut mieux que le pétale,
Et le sang pur d'un noble cœur
Qui sur la jeunesse s'étale,
De tous les roses est vainqueur !

CARMEN

1 Carmen est maigre, – un trait de bistre
Cerne son œil de gitana.
Ses cheveux sont d'un noir sinistre,
Sa peau, le diable la tanna.

2 Les femmes disent qu'elle est laide,
Mais tous les hommes en sont fous :
Et l'archevêque de Tolède
Chante la messe à ses genoux;

3 Car sur sa nuque d'ambre fauve
Se tord un énorme chignon
Qui, dénoué, fait dans l'alcôve
Une mante à son corps mignon.

4 Et, parmi sa pâleur, éclate
Une bouche aux rires vainqueurs ;
Piment rouge, fleur écarlate,
Qui prend sa pourpre au sang des cœurs.

5 Ainsi faite, la moricaude
Bat les plus altières beautés,
Et de ses yeux la lueur chaude
Rend la flamme aux satiétés.

6 Elle a dans sa laideur piquante
Un grain de sel de cette mer
D'où jaillit nue et provocante,
L'âcre Vénus du gouffre amer.

CE QUE DISENT LES HIRONDELLES

Chanson d'automne

1 Déjà plus d'une feuille sèche
Parsème les gazons jaunis ;
Soir et matin, la brise est fraîche,
Hélas ! les beaux jours sont finis !

2 On voit s'ouvrir les fleurs que garde
Le jardin, pour dernier trésor :
Le dahlia met sa cocarde
Et le souci sa toque d'or.

3 La pluie au bassin fait des bulles ;
Les hirondelles sur le toit
Tiennent des conciliabules :
Voici l'hiver, voici le froid !

4 Elles s'assemblent par centaines,
Se concertant pour le départ.
L'une dit : « Oh ! que dans Athènes
Il fait bon sur le vieux rempart !

5 « Tous les ans j'y vais et je niche
Aux métopes du Parthénon.
Mon nid bouche dans la corniche
Le trou d'un boulet de canon. »

6 L'autre : « J'ai ma petite chambre
A Smyrne, au plafond d'un café.
Les Hadjis[1] comptent leurs grains d'ambre[2]
Sur le seuil d'un rayon chauffé.

7 « J'entre et je sors, accoutumée
Aux blondes vapeurs des chibouchs[3],
Et parmi les flots de fumée,
Je rase turbans et tarbouchs[4]. »

8 Celle-ci : « J'habite un triglyphe
Au fronton d'un temple, à Balbeck.
Je m'y suspends avec ma griffe
Sur mes petits au large bec[5]. »

9 Celle-là : « Voici mon adresse :
Rhodes, palais des chevaliers ;
Chaque hiver, ma tente s'y dresse
Au chapiteau des noirs piliers. »

10 La cinquième : « Je ferai halte,
Car l'âge m'alourdit un peu,
Aux blanches terrasses de Malte,
Entre l'eau bleue et le ciel bleu. »

11 La sixième : « Qu'on est à l'aise
Au Caire, en haut des minarets !
J'empâte un ornement de glaise,
Et mes quartiers d'hiver sont prêts. »

12 « A la seconde cataracte,
Fait la dernière, j'ai mon nid ;
J'en ai noté la place exacte,
Dans le pschent d'un roi de granit. »

13 Toutes : « Demain combien de lieues
Auront filé sous notre essaim,
Plaines brunes, pics blancs, mers bleues
Brodant d'écume leur bassin ! »

14 Avec cris et battements d'ailes,
Sur la moulure aux bords étroits,
Ainsi jasent les hirondelles,
Voyant venir la rouille aux bois.

15 Je comprends tout ce qu'elles disent,
Car le poëte est un oiseau ;
Mais, captif, ses élans se brisent
Contre un invisible réseau !

16 Des ailes ! des ailes ! des ailes !
Comme dans le chant de Ruckert[6],
Pour voler, là-bas avec elles
Au soleil d'or, au printemps vert !

NOËL

1 Le ciel est noir, la terre est blanche ;
– Cloches, carillonnez gaîment ! –
Jésus est né ; – la Vierge penche
Sur lui son visage charmant.

2 Pas de courtines[1] festonnées
Pour préserver l'enfant du froid ;
Rien que les toiles d'araignées
Qui pendent des poutres du toit.

3 Il tremble sur la paille fraîche,
Ce cher petit enfant Jésus,
Et pour l'échauffer dans sa crèche
L'âne et le bœuf soufflent dessus.

4 La neige au chaume coud ses franges,
Mais sur le toit s'ouvre le ciel
Et, tout en blanc, le chœur des anges
Chante aux bergers : « *Noël ! Noël !* »

LES JOUJOUX DE LA MORTE

1 La petite Marie est morte,
Et son cercueil est si peu long
Qu'il tient sous le bras qui l'emporte
Comme un étui de violon.

2 Sur le tapis et sur la table
Traîne l'héritage enfantin.
Les bras ballants, l'air lamentable,
Tout affaissé, gît le pantin.

3 Et si la poupée est plus ferme,
C'est la faute de son bâton;
Dans son œil une larme germe,
Un soupir gonfle son carton.

4 Une dînette abandonnée
Mêle ses plats de bois verni
A la troupe désarçonnée
Des écuyers de Franconi[1].

5 La boîte à musique est muette ;
Mais, quand on pousse le ressort
Où se posait sa main fluette,
Un murmure plaintif en sort.

6 L'émotion chevrote et tremble
Dans : *Ah ! vous dirai-je maman !*
Le *Quadrille des Lanciers* semble
Triste comme un enterrement,

7 Et des pleurs vous mouillent la joue
Quand *la Donna è mobile*[2],
Sur le rouleau qui tourne et joue,
Expire avec un son filé.

8 Le cœur se navre à ce mélange
Puérilement douloureux,
Joujoux d'enfant laissés par l'ange,
Berceau que la tombe a fait creux !

APRÈS LE FEUILLETON

1 Mes colonnes sont alignées
Au portique du feuilleton[1] ;
Elles supportent résignées
Du journal le pesant fronton[2].

2 Jusqu'à lundi je suis mon maître.
Au diable chefs-d'œuvre mort-nés !
Pour huit jours je puis me permettre
De vous fermer la porte au nez.

3 Les ficelles des mélodrames
N'ont plus le droit de se glisser
Parmi les fils soyeux des trames
Que mon caprice aime à tisser.

4 Voix de l'âme et de la nature,
J'écouterai vos purs sanglots,
Sans que les couplets de facture
M'étourdissent de leurs grelots.

5 Et portant, dans mon verre à côtes,
La santé du temps disparu,
Avec mes vieux rêves pour hôtes
Je boirai le vin de mon cru :

6 Le vin de ma propre pensée,
Vierge de toute autre liqueur,
Et que, par la vie écrasée,
Répand la grappe de mon cœur !

LE CHÂTEAU DU SOUVENIR

1 La main au front, le pied dans l'âtre,
Je songe et cherche à revenir,
Par delà le passé grisâtre,
Au vieux château du Souvenir.

2 Une gaze de brume estompe
Arbres, maisons, plaines, coteaux,
Et l'œil au carrefour qui trompe
En vain consulte les poteaux.

3 J'avance parmi les décombres
De tout un monde enseveli,
Dans le mystère des pénombres,
A travers des limbes d'oubli.

4 Mais voici, blanche et diaphane,
La Mémoire, au bord du chemin,
Qui me remet, comme Ariane,
Son peloton de fil en main.

5 Désormais la route est certaine ;
Le soleil voilé reparaît,
Et du château la tour lointaine
Pointe au-dessus de la forêt.

6 Sous l'arcade où le jour s'émousse,
De feuilles en feuilles tombant,
Le sentier ancien dans la mousse
Trace encor son étroit ruban.

7 Mais la ronce en travers s'enlace ;
La liane tend son filet,
Et la branche que je déplace
Revient et me donne un soufflet.

8 Enfin au bout de la clairière,
Je découvre du vieux manoir
Les tourelles en poivrière[1]
Et les hauts toits en éteignoir[2].

9 Sur le comble aucune fumée
Rayant le ciel d'un bleu sillon ;
Pas une fenêtre allumée
D'une figure ou d'un rayon.

10 Les chaînes du pont sont brisées ;
Aux fossés la lentille d'eau
De ses taches vert-de-grisées
Étale le glauque rideau.

11 Des tortuosités de lierre
Pénètrent dans chaque refend,
Payant la tour hospitalière
Qui les soutient... en l'étouffant.

12 Le porche à la lune se ronge,
Le temps le sculpte à sa façon,
Et la pluie a passé l'éponge
Sur les couleurs de mon blason.

13 Tout ému, je pousse la porte
Qui cède et geint sur ses pivots ;
Un air froid en sort et m'apporte
Le fade parfum des caveaux.

14 L'ortie aux morsures aiguës,
La bardane aux larges contours,
Sous les ombelles des ciguës,
Prospèrent dans l'angle des cours.

15 Sur les deux chimères de marbre,
Gardiennes du perron verdi,
Se découpe l'ombre d'un arbre
Pendant mon absence grandi.

16 Levant leurs pattes de lionne
Elles se mettent en arrêt.
Leur regard blanc me questionne,
Mais je leur dis le mot secret.

17 Et je passe. – Dressant sa tête,
Le vieux chien retombe assoupi,
Et mon pas sonore inquiète
L'écho dans son coin accroupi.

18 Un jour louche[3] et douteux se glisse
Aux vitres jaunes du salon
Où figurent, en haute lisse[4],
Les aventures d'Apollon.

19 Daphné, les hanches dans l'écorce[5],
Étend toujours ses doigts touffus ;
Mais aux bras du dieu qui la force
Elle s'éteint, spectre confus.

20 Apollon, chez Admète[6], garde
Un troupeau, des mites atteint ;
Les neuf Muses, troupe hagarde,
Pleurent sur un Pinde[7] déteint ;

21 Et la Solitude en chemise
Trace au doigt le mot : « Abandon »
Dans la poudre qu'elle tamise
Sur le marbre du guéridon.

22 Je retrouve au long des tentures,
Comme des hôtes endormis,
Pastels blafards, sombres peintures,
Jeunes beautés et vieux amis.

23 Ma main tremblante enlève un crêpe
Et je vois mon défunt amour,
Jupons bouffants, taille de guêpe,
La Cidalise[8] en Pompadour !

24 Un bouton de rose s'entr'ouvre
A son corset enrubanné,
Dont la dentelle à demi couvre
Un sein neigeux d'azur veiné.

25 Ses yeux ont de moites paillettes ;
Comme aux feuilles que le froid mord,
La pourpre monte à ses pommettes,
Éclat trompeur, fard de la mort !

26 Elle tressaille à mon approche,
Et son regard, triste et charmant,
Sur le mien d'un air de reproche,
Se fixe douloureusement.

27 Bien que la vie au loin m'emporte,
Ton nom dans mon cœur est marqué,
Fleur de pastel, gentille morte,
Ombre en habit de bal masqué !

28 La nature de l'art jalouse,
Voulant dépasser Murillo,
A Paris créa l'Andalouse
Qui rit dans le second tableau[9].

29 Par un caprice poétique,
Notre climat brumeux para
D'une grâce au charme exotique
Cette autre Petra Camara[10].

30 De chaudes teintes orangées
Dorent sa joue au fard vermeil ;
Ses paupières de jais frangées
Filtrent des rayons de soleil.

31 Entre ses lèvres d'écarlate
Scintille un éclair argenté,
Et sa beauté splendide éclate
Comme une grenade en été.

32 Au son des guitares d'Espagne
Ma voix longtemps la célébra.
Elle vint, un jour, sans compagne,
Et ma chambre fut l'Alhambra.

33 Plus loin une beauté robuste[11],
Aux bras forts cerclés d'anneaux lourds,
Sertit le marbre de son buste
Dans les perles et le velours.

34 D'un air de reine qui s'ennuie
Au sein de sa cour à genoux,
Superbe et distraite, elle appuie
La main sur un coffre à bijoux.

35 Sa bouche humide et sensuelle
Semble rouge du sang des cœurs,
Et, pleins de volupté cruelle,
Ses yeux ont des défis vainqueurs.

36 Ici, plus de grâce touchante,
Mais un attrait vertigineux.
On dirait la Vénus méchante
Qui préside aux amours haineux.

37 Cette Vénus, mauvaise mère,
Souvent a battu Cupidon.
Ô toi, qui fus ma joie amère,
Adieu pour toujours... et pardon !

38 Dans son cadre, que l'ombre moire,
Au lieu de réfléchir mes traits,
La glace ébauche de mémoire
Le plus ancien de mes portraits.

39 Spectre rétrospectif qui double
Un type à jamais effacé,
Il sort du fond du miroir trouble
Et des ténèbres du passé.

40 Dans son pourpoint de satin rose,
Qu'un goût hardi coloria,
Il semble chercher une pose
Pour Boulanger ou Devéria[12].

41 Terreur du bourgeois glabre et chauve
Une chevelure à tous crins
De roi franc ou de lion fauve
Roule en torrent jusqu'à ses reins.

42 Tel, romantique opiniâtre,
Soldat de l'art qui lutte encor,
Il se ruait vers le théâtre
Quand d'Hernani sonnait le cor[13].

43 ... La nuit tombe et met avec l'ombre
Ses terreurs aux recoins dormants.
L'inconnu, machiniste sombre,
Monte ses épouvantements.

44 Des explosions de bougies
Crèvent soudain sur les flambeaux !
Leurs auréoles élargies
Semblent des lampes de tombeaux.

45 Une main d'ombre ouvre la porte
Sans en faire grincer la clé.
D'hôtes pâles qu'un souffle apporte
Le salon se trouve peuplé.

46 Les portraits quittent la muraille,
Frottant de leurs mouchoirs jaunis
Sur leur visage qui s'éraille
La crasse fauve du vernis.

47 D'un reflet rouge illuminée,
La bande se chauffe les doigts
Et fait cercle à la cheminée
Où tout à coup flambe le bois.

48 L'image au sépulcre ravie
Perd son aspect roide et glacé ;
La chaude pourpre de la vie
Remonte aux veines du passé.

49 Les masques blafards se colorent
Comme au temps où je les connus.
Ô vous que mes regrets déplorent,
Amis, merci d'être venus !

50 Les vaillants de dix-huit cent trente[14],
Je les revois tels que jadis.
Comme les pirates d'Otrante[15]
Nous étions cent, nous sommes dix.

51 L'un étale sa barbe rousse[16]
Comme Frédéric dans son roc[17],
L'autre superbement retrousse
Le bout de sa moustache en croc.

52 Drapant sa souffrance secrète
Sous les fiertés de son manteau,
Pétrus[18] fume une cigarette
Qu'il baptise papelito.

53 Celui-ci me conte ses rêves,
Hélas ! jamais réalisés,
Icare tombé sur les grèves
Où gisent les essors brisés.

54 Celui-là me confie un drame
Taillé sur le nouveau patron
Qui fait, mêlant tout dans sa trame[19],
Causer Molière et Calderon.

55 Tom[20], qu'un abandon scandalise,
Récite « Love's labour's lost[21] »,
Et Fritz[22] explique à Cidalise
Le « Walpurgisnachtstraum » de Faust[23].

56 Mais le jour luit à la fenêtre,
Et les spectres, moins arrêtés,
Laissent les objets transparaître
Dans leurs diaphanéités.

57 Les cires fondent consumées,
Sous les cendres s'éteint le feu,
Du parquet montent des fumées ;
Château du Souvenir, adieu !

58 Encore une autre fois décembre
Va retourner le sablier.
Le présent entre dans ma chambre
Et me dit en vain d'oublier.

CAMÉLIA ET PÂQUERETTE

1 On admire les fleurs de serre
Qui loin de leur soleil natal,
Comme des joyaux mis sous verre,
Brillent sous un ciel de cristal.

2 Sans que les brises les effleurent
De leurs baisers mystérieux,
Elles naissent, vivent et meurent
Devant le regard curieux.

3 A l'abri de murs diaphanes,
De leur sein ouvrant le trésor,
Comme de belles courtisanes,
Elles se vendent à prix d'or.

4 La porcelaine de la Chine
Les reçoit par groupes coquets,
Ou quelque main gantée et fine
Au bal les balance en bouquets.

5 Mais souvent parmi l'herbe verte,
Fuyant les yeux, fuyant les doigts,
De silence et d'ombre couverte,
Une fleur vit au fond des bois.

6 Un papillon blanc qui voltige,
Un coup d'œil au hasard jeté,
Vous fait surprendre sur sa tige
La fleur dans sa simplicité.

7 Belle de sa parure agreste
S'épanouissant au ciel bleu,
Et versant son parfum modeste
Pour la solitude et pour Dieu.

8 Sans toucher à son pur calice
Qu'agite un frisson de pudeur,
Vous respirez avec délice
Son âme dans sa fraîche odeur.

9 Et tulipes au port superbe,
Camélias si chers payés,
Pour la petite fleur sous l'herbe,
En un instant, sont oubliés !

LA FELLAH[1]

Sur une aquarelle de la princesse M…

1 Caprice d'un pinceau fantasque
Et d'un impérial loisir,
Votre fellah, sphinx qui se masque,
Propose une énigme au désir.

2 C'est une mode bien austère
Que ce masque et cet habit long,
Elle intrigue par son mystère
Tous les Œdipes du salon.

3 L'antique Isis légua son voile
Aux modernes filles du Nil ;
Mais, sous le bandeau, deux étoiles
Brillent d'un feu pur et subtil.

4 Ces yeux qui sont tout un poëme
De langueur et de volupté
Disent, résolvant le problème,
« Sois l'amour, je suis la beauté. »

LA MANSARDE

1 Sur les tuiles où se hasarde
Le chat guettant l'oiseau qui boit,
De mon balcon une mansarde
Entre deux tuyaux s'aperçoit.

2 Pour la parer d'un faux bien-être,
Si je mentais comme un auteur,
Je pourrais faire à sa fenêtre
Un cadre de pois de senteur,

3 Et vous y montrer Rigolette[1]
Riant à son petit miroir,
Dont le tain rayé ne reflète
Que la moitié de son œil noir ;

4 Ou, la robe encor sans agrafe,
Gorge et cheveux au vent, Margot
Arrosant avec sa carafe
Son jardin planté dans un pot ;

5 Ou bien quelque jeune poëte
Qui scande ses vers sibyllins,
En contemplant la silhouette
De Montmartre et de ses moulins.

6 Par malheur, ma mansarde est vraie ;
Il n'y grimpe aucun liseron,
Et la vitre y fait voir sa taie[2],
Sous l'ais[3] verdi d'un vieux chevron[4].

7 Pour la grisette et pour l'artiste,
Pour le veuf et pour le garçon,
Une mansarde est toujours triste :
Le grenier n'est beau qu'en chanson.

8 Jadis, sous le comble dont l'angle
Penchait les fronts pour le baiser,
L'amour, content d'un lit de sangle,
Avec Suzon venait causer.

9 Mais pour ouater notre joie,
Il faut des murs capitonnés,
Des flots de dentelle et de soie,
Des lits par Monbro[5] festonnés.

10 Un soir, n'étant pas revenue,
Margot s'attarde au mont Breda[6],
Et Rigolette entretenue
N'arrose plus son réséda.

11 Voilà longtemps que le poëte,
Las de prendre la rime au vol,
S'est fait *reporter* de gazette,
Quittant le ciel pour l'entresol.

12 Et l'on ne voit contre la vitre
Qu'une vieille au maigre profil,
Devant Minet, qu'elle chapitre,
Tirant sans cesse un bout de fil.

LA NUE

1 A l'horizon monte une nue,
Sculptant sa forme dans l'azur :
On dirait une vierge nue
Émergeant d'un lac au flot pur.

2 Debout dans sa conque nacrée,
Elle vogue sur le bleu clair,
Comme une Aphrodite éthérée,
Faite de l'écume de l'air.

3 On voit onder en molles poses
Son torse au contour incertain,
Et l'aurore répand des roses
Sur son épaule de satin.

4 Ses blancheurs de marbre et de neige
Se fondent amoureusement
Comme, au clair-obscur du Corrège,
Le corps d'Antiope[1] dormant.

5 Elle plane dans la lumière
Plus haut que l'Alpe ou l'Apennin ;
Reflet de la beauté première,
Sœur de « l'éternel féminin ».

6 A son corps, en vain retenue,
Sur l'aile de la passion,
Mon âme vole à cette nue
Et l'embrasse comme Ixion[2].

7 La raison dit : « Vague fumée,
Où l'on croit voir ce qu'on rêva,
Ombre au gré du vent déformée,
Bulle qui crève et qui s'en va ! »

8 Le sentiment répond : « Qu'importe !
Qu'est-ce après tout que la beauté,
Spectre charmant qu'un souffle emporte
Et qui n'est rien, ayant été !

9 « A l'Idéal ouvre ton âme ;
Mets dans ton cœur beaucoup de ciel,
Aime une nue, aime une femme,
Mais aime ! – C'est l'essentiel ! »

LE MERLE

1 Un oiseau siffle dans les branches
Et sautille gai, plein d'espoir,
Sur les herbes, de givre blanches,
En bottes jaunes, en frac noir.

2 C'est un merle, chanteur crédule,
Ignorant du calendrier,
Qui rêve soleil, et module
L'hymne d'avril en février.

3 Pourtant il vente, il pleut à verse ;
L'Arve jaunit le Rhône bleu,
Et le salon, tendu de perse,
Tient tous ses hôtes près du feu.

4 Les monts sur l'épaule ont l'hermine,
Comme des magistrats siégeant.
Leur blanc tribunal examine
Un cas d'hiver se prolongeant.

5 Lustrant son aile qu'il essuie,
L'oiseau persiste en sa chanson,
Malgré neige, brouillard et pluie,
Il croit à la jeune saison.

6 Il gronde l'aube paresseuse
De rester au lit si longtemps
Et, gourmandant la fleur frileuse,
Met en demeure le printemps.

7 Il voit le jour derrière l'ombre,
Tel un croyant, dans le saint lieu,
L'autel désert, sous la nef sombre,
Avec sa foi voit toujours Dieu.

8 A la nature il se confie,
Car son instinct pressent la loi.
Qui rit de ta philosophie,
Beau merle, est moins sage que toi !

LA FLEUR QUI FAIT LE PRINTEMPS

1 Les marronniers de la terrasse
Vont bientôt fleurir, à Saint-Jean,
La villa d'où la vue embrasse
Tant de monts bleus coiffés d'argent.

2 La feuille, hier encor pliée
Dans son étroit corset d'hiver,
Met sur la branche déliée
Les premières touches de vert.

3 Mais en vain le soleil excite
La sève des rameaux trop lents ;
La fleur retardataire hésite
A faire voir ses thyrses blancs.

4 Pourtant le pêcher est tout rose,
Comme un désir de la pudeur,
Et le pommier, que l'aube arrose,
S'épanouit dans sa candeur.

5 La véronique s'aventure
Près des boutons d'or dans les prés,
Les caresses de la nature
Hâtent les germes rassurés.

6 Il me faut retourner encore
Au cercle d'enfer où je vis ;
Marronniers, pressez-vous d'éclore
Et d'éblouir mes yeux ravis.

7 Vous pouvez sortir pour la fête
Vos girandoles sans péril,
Un ciel bleu luit sur votre faîte
Et déjà mai talonne avril.

8 Par pitié, donnez cette joie
Au poëte dans ses douleurs,
Qu'avant de s'en aller, il voie
Vos feux d'artifice de fleurs.

9 Grands marronniers de la terrasse,
Si fiers de vos splendeurs d'été,
Montrez-vous à moi dans la grâce
Qui précède votre beauté.

10 Je connais vos riches livrées,
Quand octobre, ouvrant son essor,
Vous met des tuniques pourprées,
Vous pose des couronnes d'or.

11 Je vous ai vus, blanches ramées,
Pareils aux dessins que le froid
Aux vitres d'argent étamées
Trace, la nuit, avec son doigt.

12 Je sais tous vos aspects superbes,
Arbres géants, vieux marronniers,
Mais j'ignore vos fraîches gerbes
Et vos arômes printaniers.

13 Adieu, je pars lassé d'attendre ;
Gardez vos bouquets éclatants !
Une autre fleur suave et tendre,
Seule à mes yeux fait le printemps.

14 Que mai remporte sa corbeille !
Il me suffit de cette fleur ;
Toujours pour l'âme et pour l'abeille
Elle a du miel pur dans le cœur.

15 Par le ciel d'azur ou de brume
Par la chaude ou froide saison,
Elle sourit, charme et parfume,
Violette de la maison[1] !

DERNIER VŒU

1 Voilà longtemps que je vous aime :
– L'aveu remonte à dix-huit ans ! –
Vous êtes rose, je suis blême ;
J'ai les hivers, vous les printemps[1].

2 Des lilas blancs de cimetière
Près de mes tempes ont fleuri ;
J'aurai bientôt la touffe entière
Pour ombrager mon front flétri.

3 Mon soleil pâli qui décline
Va disparaître à l'horizon,
Et sur la funèbre colline
Je vois ma dernière maison.

4 Oh ! que de votre lèvre il tombe
Sur ma lèvre un tardif baiser,
Pour que je puisse dans ma tombe,
Le cœur tranquille, reposer !

PLAINTIVE TOURTERELLE

1 Plaintive tourterelle,
Qui roucoules toujours,
Veux-tu prêter ton aile
Pour servir mes amours !

2 Comme toi, pauvre amante,
Bien loin de mon ramier
Je pleure et me lamente
Sans pouvoir l'oublier.

3 Vole, et que ton pied rose
Sur l'arbre ou sur la tour
Jamais ne se repose,
Car je languis d'amour ;

4 Évite, ô ma colombe,
La halte des palmiers
Et tous les toits où tombe
La neige des ramiers.

5 Va droit sur sa fenêtre,
Près du palais du roi,
Donne-lui cette lettre
Et deux baisers pour moi.

6 Puis sur mon sein en flamme,
Qui ne peut s'apaiser,
Reviens, avec son âme,
Reviens te reposer.

LA BONNE SOIRÉE

1 Quel temps de chien ! – il pleut, il neige ;
Les cochers, transis sur leur siège,
Ont le nez bleu.
Par ce vilain soir de décembre,
Qu'il ferait bon garder la chambre,
Devant son feu !

2 A l'angle de la cheminée
La chauffeuse capitonnée
Vous tend les bras
Et semble avec une caresse
Vous dire comme une maîtresse,
« Tu resteras ! »

3 Un papier rose à découpures,
Comme un sein blanc sous des guipures,
Voile à demi
Le globe laiteux de la lampe
Dont le reflet au plafond rampe,
Tout endormi.

4 On n'entend rien dans le silence
Que le pendule qui balance
Son disque d'or,
Et que le vent qui pleure et rôde,
Parcourant, pour entrer en fraude,
Le corridor.

5 C'est bal à l'ambassade anglaise ;
Mon habit noir est sur la chaise,
Les bras ballants ;
Mon gilet bâille et ma chemise
Semble dresser, pour être mise,
Ses poignets blancs.

6 Les brodequins à pointe étroite
Montrent leur vernis qui miroite,
Au feu placés ;
A côté des minces cravates
S'allongent comme des mains plates
Les gants glacés.

7 Il faut sortir ! – quelle corvée !
Prendre la file à l'arrivée
Et suivre au pas
Les coupés des beautés altières
Portant blasons sur leurs portières
Et leurs appas.

8 Rester debout contre une porte
A voir se ruer la cohorte
Des invités ;
Les vieux museaux, les frais visages,
Les fracs en cœur et les corsages
Décolletés ;

9 Les dos où fleurit la pustule,
Couvrant leur peau rouge d'un tulle
    Aérien ;
Les dandys et les diplomates,
Sur leurs faces à teintes mates,
    Ne montrant rien.

10 Et ne pouvoir franchir la haie
Des douairières aux yeux d'orfraie
    Ou de vautour,
Pour aller dire à son oreille
Petite, nacrée et vermeille,
    Un mot d'amour !

11 Je n'irai pas ! – et ferai mettre
Dans son bouquet un bout de lettre
    A l'Opéra.
Par les violettes de Parme,
La mauvaise humeur se désarme :
    Elle viendra !

12 J'ai là l'*Intermezzo* de Heine,
Le *Thomas Grain-d'Orge* de Taine,
    Les deux Goncourt ;
Le temps, jusqu'à l'heure où s'achève
Sur l'oreiller l'idée en rêve,
    Me sera court.

L'ART

1 Oui, l'œuvre sort plus belle
D'une forme au travail
Rebelle,
Vers, marbre, onyx, émail.

2 Point de contraintes fausses !
Mais que pour marcher droit
Tu chausses,
Muse, un cothurne étroit[1].

3 Fi du rhythme commode
Comme un soulier trop grand,
Du mode
Que tout pied quitte et prend !

4 Statuaire, repousse
L'argile que pétrit
Le pouce,
Quand flotte ailleurs l'esprit ;

5 Lutte avec le carrare[2],
Avec le paros dur
Et rare,
Gardiens du contour pur ;

 · art de faire une statue

6 Emprunte à Syracuse[3]
Son bronze où fermement
S'accuse
Le trait fier et charmant ;

7 D'une main délicate
Poursuis dans un filon
D'agate
Le profil d'Apollon.

8 Peintre, fuis l'aquarelle,
Et fixe la couleur
Trop frêle
Au four de l'émailleur.

9 Fais les sirènes bleues,
Tordant de cent façons
Leurs queues,
Les monstres des blasons ;

10 Dans son nimbe trilobe[4]
La Vierge et son Jésus,
Le globe
Avec la croix dessus.

11 Tout passe. – L'art robuste
Seul a l'éternité.
Le buste
Survit à la cité.

12 Et la médaille austère
Que trouve un laboureur
Sous terre
Révèle un empereur.

13 Les dieux eux-mêmes meurent,
Mais les vers souverains
    Demeurent
Plus forts que les airains.

14 Sculpte, lime, cisèle ;
Que ton rêve flottant
    Se scelle
Dans le bloc résistant !

Albertus

ALBERTUS,

Poëme.

I

Sur le bord d'un canal profond dont les eaux vertes
Dorment, de nénufars et de bateaux couvertes,
Avec ses toits aigus, ses immenses greniers,
Ses tours au front d'ardoise où nichent les cigognes,
Ses cabarets bruyants qui regorgent d'ivrognes,
Est un vieux bourg flamand tel que les peint Teniers.
– Vous reconnaissez-vous ? – Tenez, voilà le saule,
De ses cheveux blafards inondant son épaule
Comme une fille au bain, l'église et son clocher,
L'étang où des canards se pavane l'escadre ;
– Il ne manque vraiment au tableau que le cadre
        Avec le clou pour l'accrocher. –

II

Confort et far-niente ! – toute une poésie
De calme et de bien-être, à donner fantaisie
De s'en aller là-bas être Flamand ; d'avoir
La pipe culottée et la cruche à fleurs peintes,
Le vidrecome large à tenir quatre pintes,

Comme en ont les buveurs de Brawer, et le soir
Près du poêle qui siffle et qui détonne, au centre
D'un brouillard de tabac, les deux mains sur le ventre,
Suivre une idée en l'air, dormir ou digérer,
Chanter un vieux refrain, porter quelque rasade,
Au fond d'un de ces chauds intérieurs, qu'Ostade
D'un jour si doux sait éclairer !

III

– A vous faire oublier, à vous, peintre et poëte,
Ce pays enchanté dont la Mignon de Goëthe,
Frileuse, se souvient, et parle à son Wilhem ;
Ce pays du soleil où les citrons mûrissent,
Où de nouveaux jasmins toujours s'épanouissent :
Naples pour Amsterdam, le Lorrain pour Berghem ;
– A vous faire donner pour ces murs verts de mousses
Où Rembrandt, au milieu de ces ténèbres rousses,
Fait luire quelque Faust en son costume ancien,
Les beaux palais de marbre aux blanches colonnades,
Les femmes au teint brun, les molles sérénades,
Et tout l'azur vénitien !

IV

Dans ce bourg autrefois vivait, dit la chronique,
Une méchante femme ayant nom Véronique ;
Chacun la redoutait, et répétait tout bas
Qu'on avait entendu des murmures étranges
Autour de sa demeure, et que de mauvais anges
Venaient pendant la nuit y prendre leurs ébats.
– C'étaient des bruits sans nom inconnus à l'oreille,

Comme la voix d'un mort qu'en sa tombe réveille
Une évocation ; – de sourds vagissements
Sortant de dessous terre, et des rumeurs lointaines,
Des chants, des cris, des pleurs, des cliquetis de chaînes,
        D'épouvantables hurlements.

V

Même dame Gertrude avait un jour d'orage
Vu de ses propres yeux, du milieu d'un nuage,
A cheval sur la foudre un démon noir sortir,
Traverser le ciel rouge, et dans la cheminée,
De bleuâtres vapeurs soudain environnée,
La tête la première en hurlant s'engloutir.
La grange du fermier Justus Van Eik s'embrase
Sans qu'on puisse l'éteindre, et par sa chute écrase,
Avalanche de feu, quatre des travailleurs.
Des gens dignes de foi jurent que Véronique
Se trouvait là, riant d'un rire sardonique,
        Et grommelant des mots railleurs !

VI

La femme du brasseur Cornelis met au monde,
Avant terme, un enfant couvert d'un poil immonde,
Et si laid que son père eût voulu le voir mort.
– On dit que Véronique avait sur l'accouchée
Depuis ce temps malade, et dans son lit couchée,
Par un mystère noir jeté ce mauvais sort.
Au reste, tous ces bruits, son air sauvage et louche
Les justifiait bien. – Œil vert, profonde bouche,
Dents noires, front coupé de rides, doigts noueux,

Dos voûté, pied tortu sous une jambe torse,
Voix rauque, âme plus laide encor que son écorce,
Le diable n'est pas plus hideux.

VII

Cette vieille sorcière habitait une hutte,
Accroupie au penchant d'un maigre tertre, en butte
L'été comme l'hiver au choc des quatre vents ;
– Le chardon aux longs dards, l'ortie et le lierre
S'étendent à l'entour en nappe irrégulière,
L'herbe y pend à foison ses panaches mouvants,
Par les fentes du toit, par les brèches des voûtes
Sans obstacle passant, la pluie à larges gouttes
Inonde les planchers moisis et vermoulus.
– A peine si l'on voit dans toute la croisée
Une vitre sur trois qui ne soit pas brisée,
Et la porte ne ferme plus.

VIII

La limace baveuse argente la muraille
Dont la pierre se gerce et dont l'enduit s'éraille,
Les lézards verts et gris se logent dans les trous,
Et l'on entend le soir sur une note haute
Coasser tout auprès la grenouille qui saute,
Et râler aigrement les crapauds à l'œil roux.
– Aussi, pendant les soirs d'hiver, la nuit venue,
Surtout quand du croissant une ouateuse nue
Emmaillote la corne en un flot de vapeur,
Personne, – non pas même Eisembach le ministre, –
N'ose passer devant ce repaire sinistre
Sans trembler et blêmir de peur.

IX

De ces dehors riants l'intérieur est digne :
Un pandémonium ! – où sur la même ligne,
Se heurtent mille objets fantasquement mêlés.
– Maigres chauves-souris aux diaphanes ailes,
Se cramponnant au mur de leurs quatre ongles frêles,
Bouteilles sans goulot, plats de terre fêlés :
Crocodiles, serpents empaillés, plantes rares,
Alambics contournés en spirales bizarres,
Vieux manuscrits ouverts sur un fauteuil bancal,
Fœtus mal conservés saisissant d'une lieue
L'odorat, et collant leur face jaune et bleue
        Contre le verre du bocal !

X

Véritable sabbat de couleurs et de formes,
Où la cruche hydropique, avec ses flancs énormes,
Semble un hippopotame, et la fiole au grand cou,
L'ibis égyptien au bord du sarcophage
De quelque Pharaon ou d'un ancien roi mage ;
– Ivresse d'opium et vision de fou,
Où les récipients, matras, syphons et pompes,
Allongés en phallus ou tortillés en trompes,
Prennent l'air d'éléphants et de rhinocéros,
Où les monstres tracés autour du zodiaque,
Portant écrit au front leur nom en syriaque,
        Dansent entre eux des boléros !

XI

– Poudreux entassement de machines baroques
Dont l'œil ne peut saisir les contours équivoques,
Et de bouquins sans titre en langage chrétien !
Tohu-bohu ! – chaos où tout fait la grimace,
Se déforme, se tord, et prend une autre face ;
– Glace vue à l'envers où l'on ne connaît rien,
Car tout est transposé. – Le rouge y devient fauve,
Le blanc noir, le noir bleu ; – jamais sous une alcôve
Smarra n'a dessiné de fantômes plus laids.
– C'est la réalité des contes fantastiques,
C'est le type vivant des songes drôlatiques ;
        C'est Hoffmann, et c'est Rabelais !

XII

Pour rendre le tableau complet, au bord des planches
Quelques têtes de morts vous apparaissent blanches,
Avec leurs crânes nus, avec leurs grandes dents,
Et leurs nez faits en trèfle et leurs orbites vides
Qui semblent vous couver de leurs regards avides.
– Un squelette debout et les deux bras pendants,
Au gré du jour qui passe au treillis de ses côtes,
Que du sépulcre à peine ont déserté les hôtes,
Jette son ombre au mur en linéaments droits.
– En entrant là, Satan, bien qu'il soit hérétique,
D'épouvante glacé, comme un bon catholique
        Ferait le signe de la croix.

XIII

Et pourtant cet enfer est un ciel pour l'artiste.
Teniers à cette source a pris son *Alchimiste*,
Callot bien des motifs de sa *Tentation* ;
Goëthe a tiré de là la scène tout entière
Où Méphistophélès mène chez la sorcière
Faust, qui veut rajeunir, boire la potion.
– L'illustre baronnet sir Walter Scott lui-même
(Jedediah Cleishbotham) y puisa plus d'un thème.
– Ce type qu'il répète infatigablement,
Meg de *Guy Mannering,* ressemble à s'y méprendre
A notre Véronique, – il n'a fait que la prendre
        Et déguiser le vêtement.

XIV

Le plaid bariolé de tartan et la toque
Dissimulent la jupe et le béguin à coque.
L'Écosse a remplacé la Flandre ; – voilà tout.
Ensuite il m'a volé, l'infâme plagiaire,
Cette description (voyez son *Antiquaire*),
Le chat noir, – Marius sur ces restes debout ! –
Et mille autres détails. – Je le jurerais presque,
Celui qui fit l'hymen du sublime au grotesque,
Créa Bug, Han, Cromwell, Notre-Dame, Hernani,
Dans cette hutte même a ciselé ces masques
Que l'on croirait, à voir leurs galbes si fantasques,
        De Benvenuto Cellini.

XV

Le matou dont il est parlé dans l'autre strophe
Était le bisaïeul de Murr, ce philosophe,
Dont l'histoire enlacée à celle de Kreissler
M'a fait plus d'une fois oublier que la bûche
Prenait en s'éteignant sa robe de peluche,
Et que minuit sonnait et que c'était l'hiver.
Mon pauvre Childebrand à l'amitié si franche,
Le meilleur cœur de chat et l'âme la plus blanche
Qui se puissent trouver sous des poils aussi noirs,
Cet ami dont la mort m'a causé tant de peine,
Que depuis ce temps-là j'ai pris la vie en haine,
        Était aussi l'un de ses hoirs.

XVI

Ce digne chat était du reste l'être unique
Admis dans ce repaire, et pour qui Véronique
Eût de l'affection ; – peut-être bien aussi
Était-il seul au monde à l'aimer ; – vieille, laide
Et pauvre, qui l'eût fait ? – C'est un mal sans remède ;
Ceux qu'on hait sont méchants, et l'on s'excuse ainsi.
– Il fait nuit, tout se tait ; – une lumière rouge,
Intermittente, oscille aux vitrages du bouge ;
– Notre matou, couché sur le fauteuil boiteux,
Regarde d'un air grave et plein d'intelligence
La vieille qui s'agite et qui fait diligence
        Pour quelque mystère honteux ;

XVII

Ou bien, frottant sa patte à sa moustache raide,
Lustre son poil soyeux comme l'hermine, à l'aide
De sa langue âpre et dure, et frileux, pour dormir
Entre les deux chenets, près des tisons, en boule,
La tête sous la queue artistement se roule.
– La bise cependant continue à gémir.
L'orfraie aux sifflements rauques de la tempête
Mêle ses cris ; – le toit craque, la bûche pète,
La flamme tourbillonne, et dans un grand chaudron,
Sous des flocons d'écume, une eau puante et noire
Danse en accompagnant de son bruit la bouilloire
        Et le matou qui fait ron ron.

XVIII

Minuit est le moment voulu pour l'œuvre inique ;
Minuit sonne. – Aussitôt l'infâme Véronique
Trace de sa baguette un rond sur le plancher,
Et se place au milieu ; – des milliers de fantômes
Hors du cercle magique, ainsi que des atomes
Qu'un rayon de soleil dans l'ombre vient chercher,
Tremblent, points lumineux sur la tenture noire.
– La vieille cependant murmure son grimoire,
Pousse des cris aigus, dit des mots dont le son,
Pareil au bruit que font les marteaux d'une forge,
Vous écorche l'oreille et vous prend à la gorge
        Comme une mauvaise boisson.

XIX

Mais ce n'est pas là tout ; – pour finir le mystère,
Elle jette un par un ses vêtements à terre
Et se met toute nue ; – oh ! c'était effrayant ! –
Le squelette blanchi dont la bise se joue,
Et qui depuis six mois fait aux corbeaux la moue
Du haut d'une potence, est un objet riant,
Près de cette carcasse aux mamelles arides,
Au ventre jaune et plat, coupé de larges rides,
Aux bras rouges pareils à des bras de homard.
Horror ! horror ! horror ! comme dirait Shakspeare,
– Une chose sans nom, – impossible à décrire,
Un idéal de cauchemar !

XX

Dans le creux de sa main elle prend cette eau brune
Et s'en frotte trois fois la gorge. – Non, aucune
Langue humaine ne peut conter exactement
Ce qui se fit alors ! – Cette mamelle flasque,
Qui s'en allait au vent comme s'en va la basque
D'un vieil habit râpé, miraculeusement
Se gonfle et s'arrondit : – le nuage de hâle
Se dissipe : on dirait une boule d'opale
Coupée en deux, à voir sa forme et sa blancheur. –
Le sang en fils d'azur y court, la vie y brille
De manière à pouvoir, même avec une fille
De quinze ans, lutter de fraîcheur.

XXI

Elle se frotte l'œil et puis toute la face ;
– La rose y reparaît, le moindre pli s'efface !
Comme les plis de l'eau quand le vent est tombé ;
L'émail luit dans sa bouche ; une vive étincelle,
Un diamant de feu nage dans sa prunelle ;
Ses cheveux sont de jais, son corps n'est plus courbé.
– Elle est belle à présent, mais belle à faire envie.
Plus d'un beau cavalier exposerait sa vie
Seulement pour toucher sa main du bout du doigt,
Et l'on ne songe pas, en voyant cette tête
Si charmante, ce corps, cette taille parfaite,
        A quels moyens elle les doit.

XXII

Une perle d'amour ! – De longs yeux en amande
Parfois d'une douceur tout à fait allemande,
Parfois illuminés d'un éclair espagnol ;
Deux beaux miroirs de jais, à vous donner l'envie
De vous y regarder pendant toute la vie ;
– Un son de voix plus doux qu'un chant de rossignol ;
Sontag et Malibran, dont chaque note vibre,
Et dans le cœur se noue à quelque intime fibre ;
Le malice de Puck, la grâce d'Ariel,
Une bouche mutine où la petite moue
D'Esmeralda se mêle au sourire et se joue ;
        – Un miracle, un rêve du ciel ! –

XXIII

Lecteur, sans hyperbole elle était vraiment belle,
– Très-belle ! – c'est-à-dire elle paraissait telle,
Et c'est la même chose. – Il suffit que les yeux
Soient trompés, et toujours ils le sont quand on aime.
– Le bonheur qui nous vient d'un mensonge est le
[même
Que s'il était prouvé par l'algèbre. – Être heureux,
Qu'est-ce ? – Sinon le croire et caresser son rêve,
Priant Dieu qu'ici-bas jamais il ne s'achève ;
Car la foi seule peut nous faire voir le ciel
Dans l'exil de la vie, et ce désert du monde
Où la félicité sur le néant se fonde,
Et le malheur sur le réel.

XXIV

La flamme qui dormait s'éveille ; – Véronique
Sort du cercle, revêt une blanche tunique,
Une robe de pourpre, – au lieu du béguin noir
Qu'elle portait avant, sur sa tête elle place
Un chaperon d'hermine, et, prenant une glace,
S'y mire plusieurs fois et sourit de se voir. –
La lune en ce moment, par une déchirure
De nuage, dardait sa clarté faible et pure ;
– La porte était ouverte, en sorte qu'on pouvait
Du dehors distinguer le dedans, et sans doute
Si quelqu'un à cette heure eût passé sur la route,
Il aurait pensé qu'il rêvait.

XXV

Véronique du bout de sa baguette touche
Le matou qui lui lance un regard faux et louche,
Et se roule à ses pieds en faisant le gros dos,
Tourne trois fois en rond, fait des signes mystiques,
Et prononce tout bas des mots cabalistiques ;
– Spectacle à vous figer la moelle dans les os ! –
A la place du chat paraît un beau jeune homme,
Nez aquilin, front haut, moustache noire, comme
La jeune fille en voit dans ses songes d'amour.
– Avec son manteau rouge et son pourpoint de soie,
Sa dague de Tolède au pommeau qui chatoie,
Vraiment il était fait au tour !

XXVI

– C'est bien, dit Véronique, en tendant sa main
[blanche
Au jeune cavalier qui, le poing sur la hanche,
En silence attendait ; – don Juan, conduisez-moi.
– Juan s'inclina. – Madame, où faut-il qu'on vous
[mène ?
La dame se pencha sur son oreille ; – à peine
Deux syllabes, – don Juan comprit. – Holà donc ! toi,
Leporello, dit-il d'une voix haute et claire,
Madame veut sortir, prends une torche, éclaire
Madame. – A l'instant même une cire à la main
Leporello paraît amenant la voiture ;
Ils y montent, – le fouet claque, le cocher jure,
Et les voilà sur le chemin.

XXVII

Mais quel chemin encor ? – C'est un profond mystère.
– Il faisait nuit ; – d'ailleurs, dans ce lieu solitaire
Qui diable eût pu les voir ? – Personne, – tout
[dormait ;
La lune avait bandé ses yeux bleus d'un nuage
De peur d'être indiscrète. – Au terme du voyage,
Sans que nul se doutât de ce qu'elle enfermait,
La voiture parvint. – Pas un seul grain de boue
A ses larges panneaux armoriés ; – la roue,
Comme si les cailloux eussent été doublés
De soie et de velours, roulait muette et sourde
A travers champs, toujours tout droit, et si peu lourde
Qu'elle ne couchait pas les blés !

XXVIII

Pour le présent, la scène est transportée à Leyde.
– Ce singe enjuponné, cette sorcière laide
A faire à Belzébuth tourner les deux talons ;
– Jeune et belle à présent, vivante poésie,
Trésor de grâces, fait sécher de jalousie
Sous leurs vertugadins chamarrés de galons,
Leurs bonnets à carcasse élevés de six toises,
Les beautés à la mode et les Vénus bourgeoises
De l'endroit ; – le salon de dame Barbara
Von Altenhorff, – celui de la comtesse anglaise
Cecilia Wilmot est vide ; – on est à l'aise
Chez la landgrave de Gotha !

XXIX

Jeunes et vieux, – robins en perruque poudrée,
Fats portant autour d'eux une atmosphère ambrée ;
Militaires en beaux uniformes traînant
Sur le parquet sonore une épée incongrue ;
Peintres, musiciens, – tout le monde se rue
Chez l'étrangère, et bien qu'il soit peu convenant,
Au dire d'une vieille et méchante bégueule,
D'accaparer ainsi les hommes pour soi seule,
Surtout lorsque l'on n'a qu'un minois chiffonné
Et la beauté du diable, – on s'y portait ; – l'unique
Entretien de la ville était sur Véronique :
Jamais nom ne fut plus prôné !

XXX

C'était un engouement, un délire, une rage,
Des battements de mains, des bravos, un tapage,
Quand elle paraissait, à ne s'entendre pas.
– Jamais dilettanti n'ont du fond de leurs loges
Sur la prima donna fait pleuvoir plus d'éloges,
De bouquets et de vers, certes, qu'à chaque pas
La belle Véronique – aux bals, dans les théâtres,
Partout, – n'en recevait des *Mein hers* idolâtres.
– Les poëtes faisaient des sonnets sur ses yeux
Et l'appelaient – soleil ou lune – en acrostiches,
Les peintres barbouillaient son image, – et les riches
Se ruinaient à qui mieux mieux.

XXXI

Elle donnait le ton, et, reine de la mode,
Elle était adorée ainsi qu'une pagode ;
– Personne n'eût osé la contredire en rien : –
La forme des chapeaux, et la coupe des manches,
Lequel fait mieux des fleurs ou bien des plumes
[blanches ?
Quelle parure sied ? – quelle couleur va bien ?
S'il faut mettre du rouge ou non (question grave) ?
Elle décidait tout. – La femme du margrave
Tielemanus Van Horn, la fille du vieux duc,
Avaient beau protester par leur mise hérétique,
– A peine voyait-on dans leur salon gothique
Un laid *Sigisbeo* caduc.

XXXII

Young fût devenu gai, le pleureur Héraclite,
S'essuyant l'œil, eût ri plus fort que Démocrite
Au spectacle plaisant des efforts que faisaient
Les dames de l'endroit, Iris courtes et grasses,
Pour s'habiller comme elle et copier ses grâces,
– Des ingénuités dont les moindres pesaient
Trois ou quatre quintaux ; – des faces rubicondes
Avec des fleurs, des nœuds de rubans, et des blondes,
– Des montagnes de chair à la Rubens, – au lieu
De bons velours d'Utrecht, de brocarts à ramages,
Portant de fins tissus, des gazes, des nuages !
Quel travestissement, bon Dieu !

XXXIII

Notre héroïne au reste était toujours charmante,
Parée ou non, – avec son voile, avec sa mante,
En bonnet, en chapeau, – de toutes les façons !
– Tout sur elle vivait. – Les plis semblaient
[comprendre
Quand il fallait flotter et quand il fallait pendre ;
La soie intelligente arrêtait ses frissons,
Ou les continuait gazouillant ses louanges.
– Une brise à propos faisait onder ses franges,
Ses plumes palpitaient ainsi que des oiseaux
Qui vont prendre l'essor et qui battent des ailes ;
– Une invisible main soutenait ses dentelles
Et se jouait dans leurs réseaux.

XXXIV

La moindre chose, un rien, elle était bien coiffée ; –
Chaque bout de ruban, chaque fleur était fée ;
Tout ce qui la touchait devenait précieux ;
Tout était de bon goût, et (qualité bien rare)
Quel que fût son habit, galant, riche ou bizarre,
On n'apercevait qu'elle, – elle seule ; – ses yeux
Faisaient des diamants pâlir les étincelles.
Les perles de ses dents paraissaient les plus belles,
La blancheur de sa peau ternissait le satin.
– *Disinvolture,* esprit lutin, grâce câline, –
Tour à tour Camargo, Manon Lescaut, Philine,
Une ravissante catin !

XXXV

– Le conseiller aulique Hanz et Meister Philippe
Pour elle avaient laissé le genièvre et la pipe,
– C'était vraiment plaisir de voir ces bons Flamands,
Types complets, – gros, courts, la face réjouie,
Négligeant leur tulipe enfin épanouie,
Transformés en dandys, et faire les charmants
Auprès de la Diva. – Les femmes et les mères
Ne lui ménageaient pas les critiques amères,
Mais elle allait toujours son train, – sans en perdre un,
Et, s'inquiétant peu de ce vain caquetage,
Accueillait tout le monde et recevait l'hommage
Et les rixdales de chacun.

XXXVI

Deux mois sont écoulés. – Capricieuse reine,
Ce jour-là Véronique avait une migraine,
Ou prétendait l'avoir, et ne recevait pas.
Les courtisans faisaient en grand nombre antichambre.
– Dans un riche boudoir où des pastilles d'ambre
Jettent un doux parfum, où tous les bruits de pas
Sur de beaux tapis turcs, comme sur l'herbe, meurent,
Où le timbre qui chante et les bûches qui pleurent
Troublent seuls le silence avec leurs grêles voix,
Notre belle, – en peignoir du matin, – pâle et blanche
Comme une perle, – au bord d'un guéridon se penche
Froissant un papier sous ses doigts.

XXXVII

Elle boude ! – mon Dieu, qu'une femme qui boude
A de grâces ! La main sous le menton, le coude,
Tel qu'un arceau de jaspe, appuyé mollement
Sur un genou, – le corps qui s'affaisse et se ploie,
Ainsi qu'un bouton d'or qu'une goutte d'eau noie ;
– Les cheveux débouclés qui cachent par moment
Ou laissent voir, selon que le zéphyr s'en joue,
Ou que les doigts mutins les peignent, une joue
Transparente et nacrée, un front veiné d'azur,
Comme dans les jardins font les branches des arbres,
De leurs réseaux voilant ou découvrant les marbres
        Debout sous leur ombrage obscur.

XXXVIII

Qui cause ce chagrin ? En se levant, s'est-elle
Dans sa glace trouvée ou vieillie ou moins belle ?
– A-t-elle découvert dans ses boucles de jais
Un pâle fil d'argent ? – à ses dents une tache ?
Les deux bouts du ruban sous la main qui l'attache
Seraient-ils donc trop courts pour son corps plus
[épais ?
– Cette robe attendue et sur laquelle on compte
Pour enlever à miss Wilmot le cœur du comte,
S'est-elle déchirée ou fripée en chemin ?
Son épagneul est-il malade ? – Quelque fièvre,
Après trois nuits de bal, a-t-elle de sa lèvre
        Décoloré le pur carmin ?

XXXIX

Son œil est-il moins vif, son col moins blanc ? l'ovale
De son visage grec moins pur ? – Quelque rivale,
Avec plus de jeunesse ou plus de diamants,
A-t-elle au dernier *raoût* fait tourner plus de têtes ?
Non, – elle est bien toujours la déesse des fêtes ; –
Tout ploie à ses genoux. – Hier, l'un de ses amants
Pris d'un beau désespoir, la voyant infidèle,
S'est jeté dans le Rhin ; – et ce matin, pour elle,
Ludwig de Siegendorff en duel s'est battu ;
Son adversaire est mort, – lui blessé ; – voilà certe
Un beau succès ! – tout Leyde est en l'air et disserte.
Pourquoi donc ce front abattu ?

XL

Pourquoi donc ces sourcils qui tremblent et se
[plissent ?
Ces longs cils noirs baissés où quelques larmes glissent,
Qui palpitent jetant sur le satin des chairs
Une auréole brune, une ombre veloutée,
Comme Lawrence en peint ? – cette gorge agitée
Dans sa prison de crêpe et sous les réseaux clairs
Ondant comme la neige au vent d'une tempête ?
Quelle pensée étrange à cette folle tête
Donne un air si rêveur ? – Est-ce le souvenir
De son premier amour et de ses jours d'enfance ?
– Regret d'avoir perdu cette belle innocence ?
– Est-ce la peur de l'avenir ?

XLI

Ce n'est pas cela, non ; – elle est trop corrompue
Pour ne pas oublier, et la chaîne est rompue
Qui liait son présent à son passé. – D'ailleurs,
Je ne crois pas qu'elle ait dans un pli de son âme
Un de ces souvenirs qui, dans tout cœur de femme,
Si dépravé qu'il soit, restent des jours meilleurs,
Et se gardent sans tache au fond de sa mémoire,
Comme fait une perle au creux d'une onde noire.
– Ce n'est qu'une coquette, elle n'a pas aimé :
Le bal, un souper fin, quelque soirée à rendre,
Le plaisir l'étourdit, et l'empêche d'entendre
– La voix de son cœur comprimé.

XLII

Voici le fait : – la veille on jouait au théâtre
Le *Don Juan* de Mozart. Avec sa cour folâtre
De jeunes merveilleux, – papillons de boudoir,
Dont quelque Staub de Leyde a découpé les ailes, –
Véronique était là, le pôle des prunelles,
Coquetant dans sa loge et radieuse à voir.
– Les femmes sous leur fard pâlissaient de colère,
Et se mordaient la lèvre ; – elle, sûre de plaire,
Comme le paon sa queue, ouvrait son éventail,
Parlait, riait tout haut, laissait choir sa lorgnette,
Ôtait son gant, faisait sentir sa cassolette,
Ou chatoyer son riche émail.

XLIII

Les acteurs avaient beau s'évertuer en scène,
Filer les plus beaux sons, ils y perdaient leur peine.
– En vain Leporello pas à pas suivait Juan ;
En vain le Commandeur faisait tonner ses bottes,
Zerline gazouillait jouant avec les notes,
Dona Anna pleurait. – Ils auraient bien un an
Continué ce jeu sans que l'on y prît garde :
– Le parterre est distrait, – l'on cause, l'on regarde
Mais d'un autre côté, – sous les binocles d'or
Braqués au même point le désir étincelle ;
Véronique sourit ; – le bonheur d'être belle
        La fait dix fois plus belle encor.

XLIV

Seul un homme debout auprès d'une colonne,
Sans que ce grand fracas le dérange ou l'étonne,
A la scène oubliée attachant son regard,
Dans une extase sainte enivre ses oreilles.
De ces accords profonds, de ces hautes merveilles
Qui font luire ton nom entre tous, – ô Mozart ! –
Ton génie avait pris le sien, et de ses ailes
Le poussait par delà les sphères éternelles.
L'heure, le lieu, le monde, il ne savait plus rien,
Il s'était fait musique, et son cœur en mesure
Palpitait et chantait avec une voix pure,
        Et lui seul te comprenait bien.

XLV

Tout au plus dans l'entr'acte avait-il sur la belle
Jeté l'œil – froidement, – et sans que sa prunelle
S'allumât, comme si le regard contre un mur
Eût été se briser. – Pourtant, comme une balle,
Cette œillade d'un bout à l'autre de la salle,
Au cœur de Véronique arrivant d'un vol sûr,
Y fit sans le vouloir une blessure grave,
– Une blessure à mort. – Ainsi l'on voit un brave
Être tué sans gloire à l'angle d'un buisson
Par le coup de fusil tiré sur quelque lièvre,
Par la tuile qui tombe, ou mourir de la fièvre
        En revenant dans sa maison.

XLVI

Celle qui, jusqu'alors comme la salamandre,
Froide au milieu des feux, daignait à peine rendre
Pour une passion un caprice en retour,
Et se faisait un jeu (c'est le plaisir des femmes)
De torturer les cœurs et de damner les âmes,
Celle qui sans pitié se jouait d'un amour,
Comme un enfant cruel de son hochet qu'il casse
Et rejette bien loin aussitôt qu'il le lasse,
Souffre aujourd'hui les maux qu'elle causait hier :
Elle faisait aimer, et maintenant elle aime !
– L'oiseleur à la fin s'est englué lui-même ;
        – Il est vaincu ce cœur si fier ! –

XLVII

C'est le train de la vie et de la destinée ;
Quand au timbre fatal l'heure est enfin sonnée,
Nul ne peut retarder sa défaite d'un jour.
– Quelle vertu qu'on ait, ou qu'on fuie ou qu'on
[reste,
Tout cède à ce pouvoir infernal ou céleste :
On ne saurait tromper ni son sort ni l'amour.
– Amour, joie et fléau du monde, – douce peine, –
Misère qu'on regrette et de charmes si pleine ;
– Rire qui touche aux pleurs, – souci pâle et charmant.
Mal que l'on veut avoir, – Paradis, – Enfer, – Songe
Commencé dans le ciel, que sur terre on prolonge,
Mystérieux enchantement !

XLVIII

Poignante Volupté, – plaisir qui fait peut-être
L'homme l'égal de Dieu ! qui ne veut vous connaître
S'il ne vous a connu, – moments délicieux,
Et si longs et si courts qui valent une vie,
Et que voudrait payer l'Ange qui les envie
De son éternité de bonheur dans les cieux ! –
Mer de félicité, – ravissement, – extase,
Dont ne saurait donner l'idée aucune phrase
Soit en vers soit en prose ! – Heures du rendez-vous,
Belles nuits sans sommeils, – râles, sanglots d'ivresse,
Soupirs, mots inconnus qu'étouffe une caresse,
Baisers enragés, désirs fous !

XLIX

Amour ! le seul péché qui vaille qu'on se damne,
– En vain dans ses sermons le prêtre te condamne,
En vain dans son fauteuil, besicles sur le nez,
La maman te dépeint comme un monstre à sa fille ;
– En vain Orgon jaloux ferme sa porte, et grille
Ses fenêtres. – En vain dans leurs livres mort-nés,
Contre toi longuement les moralistes crient,
En vain de ton pouvoir les coquettes se rient ; –
La novice à ton nom fait un signe de croix ;
Jeune ou vieux, laid ou beau, teint vermeil ou teint
[blême,
Anglais, Français, païen ou chrétien, – chacun aime
Au moins dans sa vie une fois.

L

Moi, ce fut l'an passé que cette frénésie
Me vint d'être amoureux. – Adieu, la poésie !
Je n'avais pas assez de temps pour l'employer
A compasser des mots : – adorer mon idole,
La parer, admirer sa chevelure folle,
Mer d'ébène où ma main aimait à se noyer ;
L'entendre respirer, la voir vivre, sourire
Quand elle souriait, m'enivrer d'elle, lire
Ses désirs dans ses yeux ; sur son front endormi
Guetter ses rêves ; boire à sa bouche de rose
Son souffle en un baiser, – je ne fis autre chose
Pendant quatre mois et demi.

LI

Sans cela l'univers aurait eu mon poëme
En mil huit cent vingt-neuf, et beaucoup plus tôt
[même ;
Mais, – comme je l'ai dit, je n'avais pas le temps
D'enfiler dans un vers des mots, comme des perles
Dans un cordon. – J'allais ouïr siffler les merles
Avec elle aux grands bois ; – l'on était au printemps.
Elle, comme un enfant, courait dans la rosée
Après les papillons, et la jambe arrosée
D'une pluie argentée, allait chantant toujours ;
Chaque fleur sous ses pas inclinait son ombelle.
– Moi, je la regardais ; – la nature était belle,
Et riait comme nos amours.

LII

Mai dans le gazon vert faisait rougir la fraise ;
– Dès qu'elle en trouvait une, heureuse et sautant
[d'aise,
Elle accourait bien vite et voulait partager ;
Moi, je ne voulais pas ; – c'était une bataille !
D'un bras j'emprisonnais ses deux bras et sa taille,
Et de mon autre main je la faisais manger.
Elle me résistait d'abord, mais, bientôt lasse
D'une lutte inégale, elle demandait grâce,
Promettant de payer en baisers sa rançon.
– Alors, comme un oiseau dont on ouvre la cage,
Elle prenait son vol et fuyait, la sauvage,
Se cacher derrière un buisson.

LIII

Et puis je l'entendais rire sous la feuillée
De me tromper ainsi. – Quelque abeille éveillée
Sortant d'une clochette, un lézard, un faucheux,
Arpentant son col blanc avec ses pattes grêles,
Une chenille prise aux plis de ses dentelles,
La ramenait bientôt poussant des cris affreux.
– Elle cachait son front contre moi, toute blanche,
Tressaillant quand le vent remuait une branche,
Ses beaux seins effarés au tic tac de son cœur
Tremblaient et palpitaient comme deux tourterelles
Surprises dans le nid, qui font un grand bruit d'ailes
        Entre les doigts de l'oiseleur.

LIV

Tout en la rassurant, d'une main aguerrie
Je saisissais le monstre, et de sa peur guérie
Elle recommençait à rire, et s'asseyait
Sur un de mes genoux se moquant d'elle-même,
Et m'embrassait disant : – Mon Dieu, comme je
                                        [l'aime !
Puis le baiser rendu, rêveuse, elle appuyait
Sa tête à mon épaule, et fermait sa paupière
Comme pour s'endormir.– Un long jet de lumière,
Traversant les rameaux, dorait son front charmant ;
– Le rossignol chantait et perlait ses roulades,
Un vent tout parfumé sous les vertes arcades
        Soupirait langoureusement.

LV

Nous ne nous disions rien, et nous avions l'air triste,
Et pourtant, ô mon Dieu ! si le bonheur existe
Quelque part ici-bas, nous étions bien heureux.
– Qu'eût servi de parler ? – Sur nos lèvres pressées
Nous arrêtions les mots, nous savions les pensées ;
Nous n'avions qu'un esprit, qu'une seule âme à deux.
– Comme emparadisés dans les bras l'un de l'autre,
Nous ne concevions pas d'autre ciel que le nôtre.
Nos artères, nos cœurs vibraient à l'unisson,
Dans les ravissements d'une extase profonde,
Nous avions oublié l'existence du monde,
Nos yeux étaient notre horizon.

LVI

Tout ce bonheur n'est plus. Qui l'aurait dit ? nous
[sommes
Comme des étrangers l'un pour l'autre ; les hommes
Sont ainsi ; – leur toujours ne passe pas six mois.–
L'amour s'en est allé, Dieu sait où ; ma princesse,
Comme un beau papillon qui s'enfuit et ne laisse
Qu'une poussière rouge et bleue au bout des doigts,
Pour ne plus revenir a déployé son aile,
Ne laissant dans mon cœur plus que le sien fidèle
Que doutes du présent et souvenirs amers.
– Que voulez-vous ? – la vie est une chose étrange,
En ce temps-là j'aimais, et maintenant j'arrange
Mes beaux amours en méchants vers.

LVII

Bénévole lecteur, c'est toute mon histoire
Fidèlement contée, autant que ma mémoire,
Registre mal en ordre, a pu me rappeler
Ces riens qui furent tout, dont l'amour se compose
Et dont on rit ensuite. – Excusez cette pause :
La bulle que j'avais pris plaisir à souffler,
Et qui flottait en l'air des feux du prisme teinte,
En une goutte d'eau tout à coup s'est éteinte ;
Elle s'était crevée au coin d'un toit pointu.
– En heurtant le réel, ma riante chimère
S'est brisée, et je n'aime à présent que ma mère ;
Tout autre amour en moi s'est tu.

LVIII

Excepté cependant le tien, ô Poésie,
Qui parles toujours haut dans une âme choisie !
– Poésie, ô bel ange à l'auréole d'or,
Qui, passant d'un soleil ou d'un monde dans l'autre
Sans crainte de salir tes pieds blancs sur le nôtre,
Dans notre nuit suspends un moment ton essor,
Nous dis des mots tout bas, et du bout de ton aile
Sèches nos pleurs amers ; – et toi sa sœur jumelle,
Peinture, la rivale et l'égale de Dieu,
Déception sublime, admirable imposture
Qui redonnes la vie et doubles la nature,
Je ne vous ai pas dit adieu !

LIX

– Revenons au sujet. – Le jeune enthousiaste
Était beau cavalier, et certes une plus chaste
Que Véronique eût pu s'enamourer de lui.
Avant d'aller plus loin, il serait bon peut-être
D'esquisser son portrait. – Le dehors fait connaître
Le dedans. – Un soleil étranger avait lui
Sur sa tête et doré d'une couche de hâle
Sa peau d'Italien naturellement pâle.
– Ses cheveux, sous ses doigts en désordre jetés,
Tombaient autour d'un front que Gall avec extase
Aurait palpé six mois, et qu'il eût pris pour base
        D'une douzaine de traités.

LX

Un front impérial d'artiste et de poëte,
Occupant à lui seul la moitié de la tête,
Large et plein, se courbant sous l'inspiration,
Qui cache en chaque ride avant l'âge creusée
Un espoir surhumain, une grande pensée,
Et porte écrit ces mots : – Force et conviction. –
Le reste du visage à ce front grandiose
Répondait. – Cependant il avait quelque chose
Qui déplaisait à voir, et, quoique sans défaut,
On l'aurait souhaité différent. – L'ironie,
Le sarcasme y brillait plutôt que le génie ;
        Le bas semblait railler le haut.

LXI

Cet ensemble faisait l'effet le plus étrange,
C'était comme un démon se tordant sous un ange,
Un enfer sous un ciel. – Quoiqu'il eût de beaux yeux,
De longs sourcils d'ébène effilés vers la tempe,
Se glissant sur la peau comme un serpent qui rampe,
Une frange de cils palpitants et soyeux,
Son regard de lion et la fauve étincelle
Qui jaillissait parfois du fond de sa prunelle
Vous faisaient frissonner et pâlir malgré vous.
– Les plus hardis auraient abaissé la paupière
Devant cet œil Méduse à vous changer en pierre,
        Qu'il s'efforçait de rendre doux.

LXII

Sur sa lèvre sévère à chaque coin ombrée
D'une fine moustache élégamment cirée
Un sourire moqueur quelquefois se posait ;
Mais son expression la plus habituelle
Était un grand dédain. – Vainement notre belle,
L'ayant revu depuis dans le monde, faisait
Tout ce qu'une coquette en pareil cas peut faire
Pour en grossir sa cour ; – chose extraordinaire !
Rien ne put entamer ce cœur de diamant.
Coups d'œil sous l'éventail, soupirs, minauderies,
Aveux à mots couverts, vives agaceries,
        – Elle échoua totalement !

LXIII

Ce n'était pas un homme à se laisser surprendre
Aux lacs que Véronique essayait de lui tendre,
– Le grand aigle à la glu, qui retient le moineau,
Laisse à peine une plume ; – une mouche étourdie
A la toile en un coin par l'araignée ourdie
Se prend l'aile, la guêpe emporte le réseau ;
– Gulliver d'un seul coup rompt les chaînes de soie
Des Lilliputiens. – Une si belle proie
Valait bien cependant qu'on y prît peine ; aussi,
Excepté de lui dire en propres mots : – Je t'aime,
Elle essaya de tout ; mais lui, toujours le même,
N'en prit aucunement souci.

LXIV

C'était là le motif qui faisait que sa porte
Était fermée à tous. En effet, eh ! qu'importe
A son cœur occupé cette cour qui la suit ?
– Ces beaux fils, ces dandys qui l'enchantaient
[naguères
Lui semblent maintenant ou guindés ou vulgaires ;
Leurs madrigaux musqués la fatiguent ; – le bruit
Et le jour lui font mal ; tout l'excède et l'ennuie.
Sur sa petite main son front penche et s'appuie,
Son bras potelé pend au bord de son fauteuil,
La pauvre enfant ! voyez, sa joue est toute pâle,–
Le dépit a changé ses roses en opale,
Une larme luit à son œil.

LXV

Le papier que la belle, avec un air d'angoisse,
Dans sa petite main aux ongles roses froisse,
Indubitablement est un billet d'amour,
– Un vélin azuré qui par toute la chambre
Jette une fashionable et suave odeur d'ambre.
– Je m'y connais ; – pourtant l'écriture et le tour
Ont quelque chose en soi qui trahissent la femme.
– Est-ce un billet surpris de rivale, ou la dame
Pour son compte écrit-elle à quelque jeune Beau ?
Le fait paraît prouvé par cette tache noire
Au bout de ce doigt blanc, et par cette écritoire
        Et cette plume de corbeau.

LXVI

Tout à coup, relevant comme un oiseau sa tête
Et poussant en arrière une boucle défaite,
Elle quitta sa pose indolente, et se prit,
Avant de demander la bougie et d'y mettre
La cire et le cachet, à relire sa lettre
Tout bas, – comme ayant peur que l'écho la comprît.
– Je ne l'enverrai pas, elle est trop mal écrite,
Dit-elle déchirant la feuille ; elle mérite,
Comme celle d'hier, d'être jetée au feu.
– Il faisait un grand froid, la flamme était ardente ;
Le papier se tordit comme un damné du Dante
        En dardant un jet de gaz bleu,

LXVII

Et disparut. – Pendant que brûle cette feuille,
L'enfant en prend une autre, un instant se recueille
Et commence. – Sa main rapide en son essor,
Comme un cheval de course à New-Market, à peine
Effleure le papier, – la page est toute pleine
Que l'encre aux premiers mots n'est pas figée encor.
– Don Juan ! – Le chapeau bas, don Juan devant la
[dame
Est debout. – Véronique agitée, une flamme
Aux prunelles : – Portez le billet que voici
Au signor Albertus. – Le peintre qui demeure
Hôtel du Singe-Vert ? – Lui-même, et dans une heure
Au plus tard, Juan, soyez ici.

LXVIII

Albertus, je n'ai pas besoin de vous le dire,
Est le fin *cortejo* que je viens de décrire
Quelques stances plus haut. – C'était un homme d'art,
Aimant tout à la fois d'un amour fanatique
La peinture et les vers autant que la musique.
– Il n'eût pas su lequel, de Dante ou de Mozart,
Dieu lui laissant le choix, il eût souhaité d'être.
Mais moi qui le connais comme lui, mieux peut-être,
Je crois en vérité qu'il eût dit : – Raphaël !
Car entre ces trois sœurs égales en mérite
Dans le fond la peinture était sa favorite
Et son talent le plus réel.

LXIX

Il voyait l'univers comme un tripot infâme ;
– Pour son opinion sur l'homme et sur la femme,
C'était celle d'Hamlet ; – il n'aurait pas donné
Quatre maravédis des deux. – La créature
Le réjouissait peu, si ce n'est en peinture.
– S'étant toujours enquis, depuis qu'il était né,
Du pourquoi, du comment, il était pessimiste
Comme l'est un vieillard, – partant plus souvent triste
Qu'autre chose, et l'amour n'était qu'un nom pour lui.
– Quoique bien jeune encor, depuis longues années
Il n'y pouvait plus croire ; aussi dans ses journées
Sonnaient bien des heures d'ennui.

LXX

Il prenait cependant son mal en patience.
– C'est un très-grand fléau qu'une grande science ;
Elle change un bambin en Géronte ; elle fait
Que, dès les premiers pas dans la vie, on ne trouve
Novice, rien de neuf dans ce que l'on éprouve.
Lorsque la cause vient, d'avance on sait l'effet ;
L'existence vous pèse et tout vous paraît fade.
– Le piment est sans goût pour un palais malade,
Un odorat blasé sent à peine l'éther :
L'amour n'est plus qu'un spasme, et la gloire un mot
[vide.
Comme un citron pressé le cœur devient aride.
– Don Juan arrive après Werther. –

LXXI

Notre héros avait, comme Ève sa grand'mère,
Poussé par le serpent, mordu la pomme amère ;
Il voulait être dieu. – Quand il se vit tout nu,
Et possédant à fond la science de l'homme,
Il désira mourir. – Il n'osa pas ; mais, comme
On s'ennuie à marcher dans un sentier connu,
Il tenta de s'ouvrir une nouvelle route.
Le monde qu'il rêvait, le trouva-t-il ? – J'en doute.
En cherchant il avait usé les passions,
Levé le coin du voile et regardé derrière.
– A vingt ans l'on pouvait le clouer dans sa bière,
Cadavre sans illusions.

LXXII

Malheur, malheur à qui dans cette mer profonde
Du cœur de l'homme jette imprudemment la sonde !
Car le plomb bien souvent, au lieu du sable d'or,
De coquilles de nacre aux beaux reflets de moire,
N'apporte sur le pont que boue infecte et noire.
– Oh ! si je pouvais vivre une autre vie encor !
Certes, je n'irais pas fouiller dans chaque chose
Comme j'ai fait. – Qu'importe après tout que la cause
Soit triste, si l'effet qu'elle produit est doux ?
– Jouissons, faisons-nous un bonheur de surface ;
Un beau masque vaut mieux qu'une vilaine face.
– Pourquoi l'arracher, pauvres fous ?

LXXIII

Si de sa destinée il eût été l'arbitre,
Il eût, vous croyez bien, sauté plus d'un chapitre
Du roman de la vie, et passé tout d'abord
A la conclusion de cette sotte histoire.
– Incertain s'il devait nier, douter ou croire,
Ou demander le mot de l'énigme à la mort,
Comme un duvet au vent, avec indifférence
Il laissait au hasard aller son existence.
– Les choses d'ici-bas l'inquiétaient fort peu,
Et celles de là-haut encor moins. – Pour son âme,
Je vous dirai, dussé-je encourir votre blâme,
    Qu'il n'y croyait pas plus qu'en Dieu.

LXXIV

Il était ainsi fait. – Singulière nature !
Son âme, qu'il niait, cependant était pure ;
– Il voulait le néant et n'aurait rien gagné
A la suppression de l'enfer. – Homme étrange !
Il avait les vertus dont il riait, et l'ange
Qui là-haut sur son livre écrivait indigné
Une grosse hérésie, un sophisme damnable,
Venant à l'action, le trouvait moins coupable,
Et pesant dans sa main le bien avec le mal,
Pour cette fois encor retenait l'anathème.
– Une larme tombée à l'endroit du blasphème
    L'effaçait du feuillet fatal.

LXXV

La décoration change. – Pour le quart d'heure
Nous sommes à l'hôtel du Singe-Vert, demeure
Du signor Albertus, et dans son atelier.
Savez-vous ce que c'est que l'atelier d'un peintre,
Lecteur bourgeois ? – Un jour discret tombant du
[cintre
Y donne à chaque chose un aspect singulier.
C'est comme ces tableaux de Rembrandt, où la toile
Laisse à travers le noir luire une blanche étoile.
– Au milieu de la salle, auprès du chevalet,
Sous le rayon brillant où vient valser l'atome,
Se dresse un mannequin qu'on croirait un fantôme ;
Tout est clair-obscur et reflet.

LXXVI

L'ombre dans chaque coin s'entasse plus profonde
Que sous les vieux arceaux d'une nef. – C'est un
[monde,
Un univers à part qui ne ressemble en rien
A notre monde à nous ; un monde fantastique,
Où tout parle aux regards, où tout est poétique,
Où l'art moderne brille à côté de l'ancien ;
– Le beau de chaque époque et de chaque contrée,
Feuille d'échantillon du livre déchirée ;
Armes, meubles, dessins, plâtres, marbres, tableaux,
Giotto, Cimabué, Ghirlandaio, que sais-je ?
Reynolds près de Hemling, Watteau près de Corrége,
Pérugin entre deux Vanloos.

LXXVII

Laques, pots du Japon, magots et porcelaines,
Pagodes toutes d'or et de clochettes pleines,
Beaux éventails de Chine, à décrire trop longs,
– Cuchillos, kriss malais à lames ondulées,
Kandjiars, yataghans aux gaines ciselées,
Arquebuses à mèche, espingoles, tromblons,
Heaumes et corselets, masses d'armes, rondaches,
Faussés, criblés à jour, rouillés, rongés de taches,
Mille objets – bons à rien, admirables à voir ;
Caftans orientaux, pourpoints du moyen âge,
Rebecs, psaltérions, instruments hors d'usage,
Un antre, un musée, un boudoir !

LXXVIII

Autour du mur beaucoup de toiles accrochées,
Blanches pour la plupart, les autres ébauchées ;
Un chaos de couleurs ne vivant qu'à demi.
– La Lénore à cheval, Macbeth et les sorcières,
Les infants de Lara, Marguerite en prières ;
Des portraits esquissés, des études, parmi
Lesquelles dans son cadre une de jeune fille,
Claire sur un fond brun, se détache et scintille,
Belle à ne savoir pas de quel nom l'appeler,
Péri, fée ou sylphide, être charmant et frêle ;
Ange du ciel à qui l'on aurait coupé l'aile
Pour l'empêcher de s'envoler.

LXXIX

On aurait dit, à voir cette tête inclinée,
Et son expression pensive et résignée,
Une *Mater Dei* d'Après Masaccio.
– Ce n'était qu'un portrait d'une maîtresse ancienne,
La plus et mieux aimée, une Vénitienne,
Qu'en sa gondole un soir, sur le Canareggio,
Un bravo poignarda. – Le mari de la belle
Avait monté ce coup, la sachant infidèle.
– C'est un roman entier que cette histoire-là. –
Albertus vint au corps, leva l'étoffe noire,
Ébaucha ce portrait qu'il finit de mémoire.
Et puis jamais n'en reparla.

LXXX

Seulement quand ses yeux rencontraient cette toile,
Qu'aux regards étrangers cachait un épais voile,
Une larme furtive essuyée aussitôt
S'y formait ; un soupir du fond de sa poitrine
S'exhalait sourdement et gonflait sa narine.
Il fronçait les sourcils, – mais il ne disait mot.
– A Venise, un Anglais osa faire des offres :
Pour avoir ce chef-d'œuvre il eût vidé ses coffres ;
Mais c'était profaner – *il santo Ritratto* : –
Et comme obstinément il grossissait la somme,
Albertus furieux voulut noyer son homme
Sous la voûte du Rialto.

LXXXI

Albertus travaillait. – C'était un paysage.
Salvator eût signé cette toile sauvage.
– Au premier plan des rocs, – au second les donjons
D'un château dentelant de ses flèches aiguës
Un ciel ensanglanté, semé d'îles de nues.
– Les grands chênes pliaient comme de faibles joncs,
Les feuilles tournoyaient en l'air ; l'herbe flétrie,
Comme les flots hurlants d'une mer en furie,
Ondait sous la rafale, et de nombreux éclairs
De reflets rougeoyants incendiaient les cimes
Des pins échevelés, penchés sur les abîmes
Comme sur le puits des enfers.

LXXXII

On entra. – C'était Juan. – Une lumière bleue
Éclaira l'atelier, et quoiqu'il n'eût ni queue,
Ni cornes, ni pied-bot, – quoiqu'il ne sentît pas
Le soufre ou le bitume, à son regard oblique,
A sa lèvre que crispe un rire sardonique,
A son geste anguleux, à sa voix, à son pas,
Tout homme un peu prudent aurait couru bien vite
A sa Bible et vous l'eût aspergé d'eau bénite.
– Albertus n'en fit rien ; – il ne le voyait point ;
Son âme avec ses yeux était à sa peinture.
– Signor, c'est un billet, dit le Diable-Mercure
En le tirant par son pourpoint.

LXXXIII

Notre artiste l'ouvrit ; cherchant la signature
Et ne la trouvant pas : – Infâme créature !
Dit-il entre ses dents. – Irez-vous ? – Oui, j'irai.
– Quand ! reprit Juan d'un ton doucereux. – Tout à
[l'heure.
– Vive Dieu ! c'est parler. La signora demeure
A quatre pas d'ici ; je vous y conduirai.
– C'est bien, dit Albertus, décrochant son épée,
Un André Ferrara, fine lame, trempée
Du sang de maints vaillants. – Je suis à vous, Pietro !
Une tête hâlée apparut à la porte
Et dit : – *Che vuoi, signor ?* – Vite que l'on m'apporte
Ma cape avec mon sombrero.

LXXXIV

Le temps de compter trois il revient. – La toilette
Du jeune cavalier en un instant fut faite,
Et, le valet ayant approché le miroir,
Il sourit, – et parut fort content de lui-même,
Mais tout à coup son teint, de pâle devint blême ;
Il avait (le vit-il ou bien crut-il le voir ?),
Il avait vu bouger dans son cadre la tête
De la Vénitienne, et sa bouche muette
Remuer et s'ouvrir comme voulant parler.
– Eh bien ! signor, fit Juan. – Povera, dit l'artiste
Caressant le portrait d'un regard doux et triste,
Il est trop tard pour reculer.

LXXXV

Ils sortirent tous deux. – La ville était déserte,
A peine çà et là quelque croisée ouverte,
La pluie à fils pressés hachait le ciel obscur ;
Un vent de nord faisait, ainsi que des mouettes
Par un gros temps, crier toutes les girouettes.
Un ivrogne attardé passait battant le mur,
Une fille de joie attendait sur la borne.
– Albertus suivait Juan silencieux et morne ;
Certe, il n'avait ni l'air ni le pas d'un galant.
– Un larron qu'un prévôt conduit à la potence,
Un écolier qui va subir sa pénitence,
Ne marche pas d'un pied plus lent.

LXXXVI

Il eût pu retourner chez lui, – mais l'aventure
Était réellement bizarre et de nature
A piquer jusqu'au vif la curiosité ;
Aussi notre héros voulut-il la poursuivre.
L'on arrive. – Don Juan prend le marteau de cuivre
D'une poterne et frappe avec autorité ;
Des yeux noirs, des fronts blancs, sous les vitres [flamboient,
La maison s'illumine, et des lueurs tournoient
Aux flancs sombres des murs. – De palier en palier
La lumière descend. – La porte en bronze s'ouvre,
L'intérieur splendide et vaste se découvre
A l'œil du jeune cavalier.

LXXXVII

Un petit négrillon qui tenait une torche
De cire parfumée attendait sous le porche :
Sa livrée écarlate, avec des galons d'or,
Était riche et galante. – Allons, dit Juan, beau page,
Conduisez ce seigneur par le secret passage.
Albertus le suivit. – Au bout d'un corridor
Une courtine rouge à demi relevée
Se referme sur lui ; flairant son arrivée,
Deux grands lévriers blancs, couchés sur le tapis,
Hument l'air autour d'eux, lèvent leur longue tête ;
Poussent entre leurs dents une plainte inquiète,
Et puis retombent assoupis.

LXXXVIII

D'honneur, vous eussiez dit un boudoir de duchesse,
Tout s'y trouvait : – confort, élégance et richesse.
– Sur un beau guéridon de bois de citronnier
Brillait comme une étoile une lampe d'albâtre
Qui jetait par la chambre un jour doux et bleuâtre.
– Des perles, de la soie, un coffre à clous d'acier,
De blondes sépias, de fraîches aquarelles,
Des albums, des écrans aux découpures frêles,
La dernière revue et le nouveau roman,
Un masque noir brisé, – mille riens fashionables
Pêle-mêle jetés, jonchaient fauteuils et tables ;
– C'était un désordre charmant !

LXXXIX

Notre *Innamorata*, couchée autant qu'assise
Sur un moelleux divan, jeta, comme surprise,
Un petit cri d'enfant, quand Albertus entra ;
Puis, – prenant d'un coup d'œil les conseils de la glace,
Refit bouffer sa manche et remit à leur place
Quelques rubans mutins. – Jamais la signora
N'avait été mieux mise ; elle était adorable,
En état d'amener une recrue au diable,
Autant que femme au monde, et même plus ; – ses
[yeux
Noirs et brillants avaient, sous leurs longues paupières,
Tant de *morbidezza*, son geste et ses manières
Un abandon si gracieux !

XC

Albertus un instant crut voir sa Vénitienne.
– La coiffure bizarre ornée à l'italienne
De grosses boules d'or et de sequins percés,
Le collier de corail, la croix et l'amulette,
Les touffes de rubans et toute la toilette ;
La peau couleur d'orange, aux tons chauds et foncés,
L'expression rêveuse et l'attitude molle,
Le regard tout pareil et la même parole :
Elle lui ressemblait à faire illusion.
– Connaissant Albertus et son humeur fantasque,
La sorcière avait cru devoir prendre ce masque
Pour contenter sa passion.

XCI

Véronique sonna. – La portière dorée
S'entr'ouvrit. – Revêtu d'une riche livrée,
Un petit page entra qui portait des plateaux ;
– Un vrai page flamand, tête blonde et rosée,
Comme celle qu'on voit au Terburg du Musée.
– Il posa sur la table et flacons et gâteaux,
Plaça l'argenterie, et la vaisselle plate,
Versa de haut le vin dans les verres à patte,
Salua nos galants et puis s'éloigna d'eux.
– C'était un vin du Rhin dont la robe vermeille
Jaunissait de vieillesse, un vin mis en bouteille
Au moins depuis un siècle – ou deux !

XCII

Il luisait comme l'or au fond du vidrecome ;
– Un seul verre eût suffi pour étourdir un homme :
Albertus au second s'acheva de griser.
– A son œil fasciné chaque objet était double,
Tout flottait sans contour dans une vapeur trouble ;
Le plancher ondulait, les murs semblaient valser.
– La belle avait jeté toute honte en arrière,
Et, donnant à ses feux une libre carrière,
De ses bras convulsifs lui faisait un collier,
Se collait à son corps avec délire et fièvre,
Le prenait par la tête et jusque sur sa lèvre
Tâchait de le faire plier.

XCIII

Albertus n'était pas de glace ni de pierre :
– Quand même il l'eût été, sous la noire paupière
De la dame brillait un soleil dont le feu
Eût animé la pierre et fait fondre la glace :
– Un ange, un saint du ciel, pour être à cette place,
Eussent vendu leur stalle au paradis de Dieu.
– Oh ! dit-il, mon cœur brûle à cette étrange flamme
Qui dans ton œil rayonne, et je vendrais mon âme
Pour t'avoir à moi seul tout entière et toujours.
– Un seul mot de ta bouche à la vie éternelle
Me ferait renoncer. – L'éternité vaut-elle
        Une minute de tes jours !

XCIV

– Est-ce bien vrai cela ? reprit la Véronique
Le sourire à la bouche et d'un air ironique,
Et répéteriez-vous ce que vous avez dit ?
– Que pour vous posséder je donnerais mon âme
Au diable, si le diable en voulait, oui, madame.
Je l'ai dit. – Eh bien ! donc, à jamais sois maudit,
Cria l'ange gardien d'Albertus. Je te laisse,
Car tu n'es plus à Dieu. – Le peintre en son ivresse
N'entendit pas la voix, et l'ange remonta.
– Un nuage de soufre emplit la chambre, un rire
De Méphistophélès, que l'on ne peut décrire,
        Tout à coup dans l'air éclata.

XCV

Comme ceux d'une orfraie ou d'un hibou dans
[l'ombre,
Les yeux de Véronique un instant d'un feu sombre
Brillèrent ; – cependant Albertus n'en vit rien,
Certes, s'il l'avait vu, quel que fût son courage,
A leur expression égarée et sauvage,
Il se serait signé de peur, – car c'était bien
Un regard exprimant un mal irrémédiable,
Un regard de damné demandant l'heure au diable.
– On y lisait : – Toujours, Jamais, Éternité.
C'était vraiment horrible. – Une prunelle d'homme,
A de pareils éclairs, mourrait et fondrait comme
Fond le bitume au feu jeté.

XCVI

Et ses lèvres tremblaient. – On eût dit qu'un
[blasphème
Allait s'en échapper, quand tout à coup : – Je t'aime !
Dit-elle en bondissant comme un tigre en fureur.
Mais sais-tu ce que c'est que l'amour d'une femme ?
En demandant le mien, as-tu sondé ton âme ?
As-tu bien calculé les forces de ton cœur ?
Que te sens-tu dans toi de puissant et de large
A porter sans plier une pareille charge ?
Toujours ! songes-y bien, d'un éternel amour
Il n'est dans l'univers qu'un seul être capable,
Et cet être, c'est Dieu, – car il est immuable ;
L'homme d'un jour n'aime qu'un jour.

XCVII

Dans le fond du boudoir un rayon de la lampe
Qui, sur les murs dorés, vague et bleuâtre rampe
Derrière les rideaux, tirés discrètement,
Fait deviner un lit. – Albertus, sans mot dire
(C'était bien répondu), de ce côté l'attire,
Sur le bord de ce lit la pousse doucement...
C'est ici que s'arrête en son style pudique,
Tout rouge d'embarras, le narrateur classique.
– Que ne fait-on pas dire à cet honnête point ?
Jamais comme immoral Basile ne le biffe,
Et dans un roman chaste il est l'hiéroglyphe
De ce qui ne l'est guère ou point.

XCVIII

Moi qui ne suis pas prude, et qui n'ai pas de gaze
Ni de feuille de vigne à coller à ma phrase,
Je ne passerai rien. – Les dames qui liront
Cette histoire morale auront de l'indulgence
Pour quelques chauds détails. – Les plus sages, je [pense,
Les verront sans rougir, et les autres crieront.
D'ailleurs, – et j'en préviens les mères de familles,
Ce que j'écris n'est pas pour les petites filles
Dont on coupe le pain en tartines. – Mes vers
Sont des vers de jeune homme et non un catéchisme.
– Je ne les châtre pas, – dans leur décent cynisme
Ils s'en vont droit ou de travers,

XCIX

Peu m'importe, selon que dame Poésie,
Leur maîtresse absolue, en a la fantaisie,
Et, chastes comme Adam avant d'avoir péché,
Ils marchent librement dans leur nudité sainte,
Enfants purs de tout vice et laissant voir sans crainte
Ce qu'un monde hypocrite avec soin tient caché.
– Je ne suis pas de ceux dont une gorge nue,
Un jupon un peu court, font détourner la vue. –
Mon œil plutôt qu'ailleurs ne s'arrête pas là,
– Pourquoi donc tant crier sur l'œuvre des artistes ?
Ce qu'ils font est sacré ! – Messieurs les rigoristes,
N'y verriez-vous donc que cela ?

C

– Le peintre avait coupé le corset. – Véronique
N'avait sur son beau corps pour vêtement unique
Qu'une toile de Flandre ; – un nuage de lin
De l'air tramé ; – du vent, une brume de gaze
Laissant sous ses réseaux courir l'œil en extase :
– Tout ce que vous pourrez imaginer de fin.
Albertus eut bientôt brisé ce rempart frêle,
Et dans un tour de main déshabillé la belle.
– Il eut tort, c'est gâter soi-même son plaisir,
C'est tuer son amour et lui creuser sa tombe,
Hélas ! car bien souvent avec le voile tombe
L'illusion et le désir.

CI

Il n'en fut pas ainsi. – La dame était si belle
Qu'un saint du paradis se fût damné pour elle.
– Un poëte amoureux n'aurait pas inventé
D'idéal plus parfait. – *O nature ! nature !*
Devant ton œuvre, à toi, qu'est-ce que la peinture ?
Qu'est-ce que Raphaël, ce roi de la beauté ?
Qu'est-ce que le Corrége et le Guide et Giorgione,
Titien, et tous ces noms qu'un siècle à l'autre prône ?
Ô Raphaël ! crois-moi, jette là tes crayons ;
Ta palette, ô Titien ! – Dieu seul est le grand maître,
Il garde son secret et nul ne le pénètre,
        Et vainement nous l'essayons.

CII

Oh ! le tableau charmant ! – Toute honteuse, et rouge
Comme une fraise en mai, sur sa gorge qui bouge,
Elle penche la tête et croise les deux bras.
– Avec son air mutin, et sa petite moue,
Ses longs cils palpitants qui caressent sa joue,
Sa peau plus brune encor sous la blancheur des draps ;
Avec ses grands cheveux aux naturelles boucles,
Ses yeux étincelants comme des escarboucles,
Son col blond et doré, sa bouche de corail,
Son pied de Cendrillon et sa jambe divine,
Et ce que l'ombre cache et ce que l'on devine,
        Seule elle valait un sérail. –

CIII

Les rideaux sont tombés : – des rires frénétiques,
Des cris de volupté, des râles extatiques,
De longs soupirs mourants, des sanglots et des pleurs :
– *Idolo del mio cuor, anima mia,* – mon ange,
Ma vie, – et tous les mots de ce langage étrange
Que l'amour délirant invente en ses fureurs,
Voilà ce qu'on entend. – L'alcôve est au pillage,
Le lit tremble et se plaint, le plaisir devient rage ;
– Ce ne sont que baisers et mouvements lascifs ;
Les bras autour des corps se crispent et se tordent,
L'œil s'allume, les dents s'entre-choquent et mordent,
        Les seins bondissent convulsifs.

CIV

La lampe grésilla. – Dans le fond de l'alcôve
Passa, comme l'éclair, un jour sanglant et fauve,
Ce ne fut qu'un instant, mais Albertus put voir
Véronique, la peau d'ardents sillons marbrée,
Pâle comme une morte, et si défigurée
Que le frisson le prit ; – puis tout redevint noir. –
La sorcière colla sa bouche sur la bouche
Du jeune cavalier, et de nouveau la couche
Sous des élans d'amour en gémissant plia.
– Minuit sonna. – Le timbre au bruit sourd de la grêle
Qui cinglait les carreaux joignit son fausset grêle,
        Le hibou du donjon cria. –

CV

Tout à coup, sous ses doigts, ô prodige à confondre
La plus haute raison ! Albertus sentit fondre
Les appas de sa belle, et s'en aller les chairs.
– Le prisme était brisé. – Ce n'était plus la femme
Que tout Leyde adorait, mais une vieille infâme,
Sous d'épais sourcils gris roulant de gros yeux verts,
Et pour saisir sa proie, en manière de pinces,
De toute leur longueur ouvrant de grands bras minces.
– Le diable eût reculé. – De rares cheveux blancs
Sur son col décharné pendaient en roides mèches,
Ses os faisaient le gril sous ses mamelles sèches,
Et ses côtes trouaient ses flancs.

CVI

Quand il se vit si près de cette Mort vivante,
Tout le sang d'Albertus se figea d'épouvante ;
– Ses cheveux se dressaient sur son front, et ses dents
Choquaient à se briser ; – cependant le squelette
A sa joue appuyant sa lèvre violette,
Le poursuivait partout de ses rires stridents. –
Dans l'ombre, au pied du lit, grouillaient d'étranges [formes
Incubes, cauchemars, spectres lourds et difformes,
Un recueil de Callot et de Goya complet !
Des escargots cornus sortant du joint des briques
Argentaient les vieux murs de baves phosphoriques ;
La lampe fumait et râlait.

CVII

Au lieu du lit doré, c'était un grabat sale ;
Au lieu du boudoir rose une petite salle
D'un aspect misérable, où, dans un vieux châssis
Frissonnaient des carreaux étoilés ; où les voûtes,
Vertes d'humidité, suaient à grosses gouttes,
Et laissaient choir leurs pleurs sur les pavés noircis.
– Juan, redevenu chat, jetait mille étincelles,
Fascinait Albertus du feu de ses prunelles,
Et comme le barbet de Faust, l'emprisonnant
De magiques liens, avec sa noire queue,
Sur la dalle, où s'allume une lumière bleue,
Traçait un cercle rayonnant.

CVIII

– La vieille fit : – Hop ! hop ! – et par la cheminée
De reflets flamboyants soudain illuminée,
Deux manches à balai, tout bridés, tout sellés,
Entrèrent dans la salle avec force ruades,
Caracoles et sauts, voltes et pétarades,
Ainsi que des chevaux par leur maître appelés.
– C'est ma jument anglaise et mon coureur arabe,
Dit la sorcière ouvrant ses griffes comme un crabe
Et flattant de la main ses balais sur le col.
– Un crapaud hydropique, aux longues pattes grêles,
Tint l'étrier. – Housch ! housch ! – comme des
[sauterelles
Les deux balais prirent leur vol.

CIX

Trap ! trap ! – ils vont, il vont comme le vent de bise ;
– La terre sous leurs pieds file rayée et grise,
Le ciel nuageux court sur leur tête au galop ;
A l'horizon blafard d'étranges silhouettes
Passent. – Le moulin tourne et fait des pirouettes,
La lune en son plein luit rouge comme un fallot ;
Le donjon curieux de tout ses yeux regarde,
L'arbre étend ses bras noirs, – la potence hagarde
Montre le poing et fuit emportant son pendu ;
Le corbeau qui croasse et flaire la charogne,
Fouette l'air lourdement, et de son aile cogne
Le front du jeune homme éperdu.

CX

Chauves-souris, hiboux, chouettes, vautours chauves,
Grands-ducs, oiseaux de nuit aux yeux flambants et
[fauves,
Monstres de toute espèce et qu'on ne connaît pas,
Stryges au bec crochu, Goules, Larves, Harpies,
Vampires, Loups-garous, Brucolaques impies,
Mammouths, Léviathans, Crocodiles, Boas,
Cela grogne, glapit, siffle, rit et babille,
Cela grouille, reluit, vole, rampe et sautille ;
Le sol en est couvert, l'air en est obscurci.
– Des balais haletants la course est moins rapide,
Et de ses doigts noueux tirant à soi la bride,
La vieille cria : – C'est ici.

CXI

Une flamme jetant une clarté bleuâtre,
Comme celle du punch, éclairait le théâtre.
– C'était un carrefour dans le milieu d'un bois.
Les nécromants en robe et les sorcières nues,
A cheval sur leurs boucs, par les quatre avenues,
Des quatre points du vent débouchaient à la fois.
Les approfondisseurs de sciences occultes,
Faust de tous les pays, mages de tous les cultes,
Zingaros basanés, et rabbins au poil roux,
Cabalistes, devins, rêvasseurs hermétiques,
Noirs et faisant râler leurs soufflets asthmatiques,
Aucun ne manque au rendez-vous.

CXII

Squelettes conservés dans les amphithéâtres,
Animaux empaillés, monstres, fœtus verdâtres,
Tout humides encor de leur bain d'alcool,
Culs-de-jatte, pieds-bots, montés sur des limaces,
Pendus tirant la langue et faisant des grimaces ;
Guillotinés blafards, un ruban rouge au col,
Soutenant d'une main leur tête chancelante ;
– Tous les suppliciés, foule morne et sanglante,
Parricides manchots couverts d'un voile noir,
Hérétiques vêtus de tuniques soufrées,
Roués meurtris et bleus, noyés aux chairs marbrées ;
– C'était épouvantable à voir !

CXIII

Le président, assis dans une chaire noire,
Avec ses doigts crochus feuilletant le grimoire,
Épelait à rebours les noms sacrés de Dieu.
– Un rayon échappé de sa prunelle verte
Éclairait le bouquin, et sur la page ouverte
Faisait étinceler les mots en traits de feu.
– Pour commencer la fête on attendait le maître,
On s'impatientait ; il tardait à paraître
Et faisait sourde oreille à l'évocation.
– Albertus croyait voir une queue et des cornes,
Des pieds de bouc, des yeux tout ronds aux regards
[mornes,
Une horrible apparition !

CXIV

Enfin il arriva. – Ce n'était pas un diable
Empoisonnant le soufre et d'aspect effroyable,
Un diable rococo. – C'était un élégant
Portant l'impériale et la fine moustache,
Faisant sonner sa botte et siffler sa cravache
Ainsi qu'un merveilleux du boulevard de Gand.
– On eût dit qu'il sortait de voir *Robert le Diable*,
Ou *la Tentation*, ou d'un raoût fashionable,
– Boiteux comme Byron, mais pas plus ; – il eût fait
Avec son ton tranchant, son air aristocrate,
Et son talent exquis pour mettre sa cravate,
Dans les salons un grand effet.

CXV

Le Belzébuth dandy fit un signe, et la troupe,
Pour ouïr le concert se réunit en groupe.
– Ni Ludwig Beethoven, ni Gluck, ni Meyerbeer,
Ni Théodore Hoffmann, Hoffmann le fantastique !
Ni le gros Rossini, ce roi de la musique,
Ni le chevalier Karl Maria de Weber,
A coup sûr n'auraient pu, malgré tout leur génie,
Inventer et noter la grande symphonie
Que jouèrent d'abord les noirs dilettanti,
– Boucher et Bériot, Paganini lui-même,
N'eussent pas su broder un plus étrange thème
De plus brillants spizzicati.

CXVI

Les virtuoses font, sous leurs doigts secs et grêles,
Des Stradivarius grincer les chanterelles ;
La corde semble avoir une âme dans sa voix.
Le tam-tam caverneux, comme un tonnerre gronde ;
Un lutin jovial, gonflant sa face ronde,
Sonne burlesquement de deux cors à la fois.
Celui-ci frappe un gril, et cet autre en goguettes
Prend pour tambour son ventre et deux os pour
[baguettes.
Quatre petits démons sous un archet de fer
Font ronfler et mugir quatre basses géantes.
Un gras soprano tord ses mâchoires béantes.
C'est un charivari d'enfer !

CXVII

Le concerto fini, les danses commencèrent.
– Les mains avec les mains en chaîne s'enlacèrent.
Dans le grand fauteuil noir le Diable se plaça
Et donna le signal. – Hurrah ! hurrah ! La ronde
Fouillant du pied le sol, hurlante et furibonde,
Comme un cheval sans frein au galop se lança.
– Pour ne rien voir, le ciel ferma ses yeux d'étoiles,
Et la lune prenant deux nuages pour voiles,
Toute blanche de peur de l'horizon s'enfuit. –
L'eau s'arrêta troublée, et les échos eux-mêmes
Se turent, n'osant pas répéter les blasphèmes
Qu'ils entendirent cette nuit !

CXVIII

On eût cru voir tourner et flamboyer dans l'ombre
Les signes monstrueux d'un zodiaque sombre ;
L'hippopotame lourd, Falstaff à quatre pieds,
Se dressait gauchement sur ses pattes massives
Et s'épanouissait en gambades lascives.
– Le cul-de-jatte, avec ses moignons estropiés,
Sautait comme un crapaud, et les boucs, plus
[ingambes,
Battaient des entrechats, faisaient des ronds de jambes.
– Une tête de mort à pattes de faucheux
Trottait par terre, ainsi qu'une araignée énorme.
Dans tous les coins grouillait quelque chose
[d'informe ;
– Des vers rayaient le sol gâcheux. –

CXIX

La chevelure au vent, la joue en feu, les femmes
Tordaient leurs membres nus en postures infâmes ;
Arétin eût rougi. – Des baisers furieux
Marbraient les seins meurtris et les épaules blanches ;
Des doigts noirs et velus se crispaient sur les hanches :
On entendait un bruit de chocs luxurieux.
– Les prunelles jetaient des éclairs électriques,
Les bouches se fondaient en étreintes lubriques :
– C'étaient des rires fous, des cris, des râlements !
Non, Sodome jamais, jamais sa sœur immonde,
N'effrayèrent le ciel, ne souillèrent le monde
        De plus hideux accouplements.

CXX

Le Diable éternua. – Pour un nez fashionable
L'odeur de l'assemblée était insoutenable.
– Dieu vous bénisse, dit Albertus poliment.
– A peine eut-il lâché le saint nom que fantômes,
Sorcières et sorciers, monstres follets et gnomes,
Tout disparut en l'air comme un enchantement.
– Il sentit plein d'effroi des griffes acérées,
Des dents qui se plongeaient dans ses chairs lacérées ;
Il cria ; mais son cri ne fut point entendu...
Et des contadini le matin, près de Rome,
Sur la voie Appia trouvèrent un corps d'homme,
        Les reins cassés, le col tordu.

CXXI

– Joyeux comme un enfant à la fin de son thème,
Me voici donc au bout de ce moral poëme !
En êtes-vous aussi content que moi, lecteur ?
En vain depuis deux mois, pour clore ce volume,
Mes doigts faisaient grincer et galoper la plume ;
Le sujet paresseux marchait avec lenteur.
Se berçant à loisir sur leurs ailes vermeilles,
Les strophes se groupaient comme un essaim d'abeilles
Ou picoraient sans ordre aux sureaux du chemin.
– Les chiffres grossissaient. – La page sur la page
Se couchait moite encore, et moi, perdant courage,
Je me disais toujours : – Demain !

CXXII

– Ce poëme homérique et sans égal au monde
Offre une allégorie admirable et profonde ;
Mais, – pour sucer la moelle il faut qu'on brise l'os,
Pour savourer l'odeur il faut ouvrir le vase,
Du tableau que l'on cache il faut tirer la gaze,
Lever, le bal fini, le masque aux dominos.
– J'aurais pu clairement expliquer quelque chose,
Clouer à chaque mot une savante glose. –
Je vous crois, cher lecteur, assez spirituel
Pour me comprendre. – Ainsi, bonsoir. – Fermez la
[porte,
Donnez-moi la pincette, et dites qu'on m'apporte
Un tome de Pantagruel.

1831.

DOSSIER

BIOGRAPHIE

1811 *30 août :* naissance de Théophile Gautier à Tarbes, où son père est employé aux contributions directes.

1814 Installation de la famille Gautier à Paris.

1817 Naissance d'Émilie.

1820 Naissance de Zoé. Les deux sœurs de Gautier resteront célibataires et seront à sa charge. Il vivra avec elles pendant certaines périodes.

1822 *9 janvier* : Théophile Gautier entre à Louis-le-Grand, d'où il sera retiré au bout de trois mois, ne supportant pas l'internat.
Octobre : il entre comme externe au collège Charlemagne. Il y rencontrera Gérard de Nerval, de trois ans son aîné.
Pendant ses années de collège, il passe ses vacances à Mauperthuis, pays de sa mère, qui servira partiellement de cadre à *Mademoiselle de Maupin.*

1827-1829 Il s'essaie à la littérature et surtout à la peinture, fréquentant l'atelier de Rioult en même temps que le collège.

1830 *25 février* : première d'*Hernani.* Gautier, qui a été présenté à Victor Hugo par Nerval, est au premier rang des défenseurs, avec son fameux gilet rouge. Il sera poète !
28 juillet : publication des *Poésies* – en pleine insurrection, et sans aucun succès.
Gautier fréquente l'atelier du sculpteur Jehan Duseigneur, avec Pétrus Borel, Gérard de Nerval, d'autres

encore. C'est le « petit Cénacle ». On y est « jeune-France » avec enthousiasme.
Rencontre d'Eugénie Fort.

1832 Publication d'*Albertus ou l'âme et le péché, légende théologique.*

1833 *Les Jeunes-France, romans goguenards.*

1834 Gautier s'installe rue du Doyenné, tout près de chez Camille Rogier, qui habite, dans l'impasse du même nom, un vaste appartement où il héberge Nerval et Arsène Houssaye. Chez Rogier, Gautier rencontre « la Cydalise », dont il s'éprendra.
Les Grotesques commencent à paraître, article par article, dans *La France littéraire.*

1835 Premier volume de *Mademoiselle de Maupin.*

1836 Second volume. Balzac demande à Gautier de collaborer à sa *Chronique de Paris.* Désormais, il consacrera la plus grande partie de son temps au journalisme – besogne alimentaire qui le fait souvent gémir. Il entre à *La Presse.*
29 novembre : Eugénie Fort, devenue sa maîtresse, lui donne un fils, Théophile, qu'il reconnaîtra.

1838 *La Comédie de la mort.*

1840 Voyage en Espagne : *Tra los montes* (qui sera publié en 1843).
Gautier est amoureux de Carlotta Grisi, la danseuse.

1841 Carlotta Grisi crée *Giselle*, sur un livret de Gautier.

1844 Il est l'amant d'Ernesta Grisi, la cantatrice, sœur de Carlotta. Il vivra avec elle, sans pourtant négliger son fils, ni la mère de celui-ci, à laquelle il verse une pension, et qu'il continuera à voir fréquemment.
Publication des *Grotesques* en deux volumes.

1845 *Poésies complètes* (où figure *España*).
Voyage en Algérie.
24 août : Ernesta donne le jour à Judith Gautier.

1846-1847 Gautier fréquente Baudelaire, Mme Sabatier, Balzac, écrit de la critique d'art, de la critique dramatique.
28 novembre 1847 : naissance d'Estelle Gautier.

1848 Gautier vit des jours pénibles : mort de sa mère, manque de ressources.

1849 Rencontre, à Londres, de Marie Mattei.

Carlotta Grisi épouse le prince Radziwill et s'établit avec lui près de Genève.

1850 Séjour en Italie. Venise avec Marie Mattei. *Voyage en Italie* (première publication en 1852, sous le titre *Italia*).

1852 Voyage en Orient : Constantinople, la Grèce, avec Ernesta.
Première édition d'*Émaux et Camées*.

1855 Mort de Nerval.
Gautier quitte *La Presse* pour *Le Moniteur universel.*

1856 Il prend la direction de *L'Artiste*, qui devient un organe de « l'art pour l'art ».

1857 *Le Roman de la momie* paraît en feuilleton dans *Le Moniteur.*
Publication des *Fleurs du mal*, avec la célèbre dédicace à Gautier.

1858 Gautier est promu officier de la Légion d'honneur.
Septembre : il part pour Saint-Pétersbourg. *Voyage en Russie* (qui paraîtra en 1867).

1861 Nouveau voyage en Russie, avec son fils.

1862 À Londres, pour la seconde Exposition universelle.

1863 Gautier est admis au dîner Magny, où il retrouve les Goncourt, Sainte-Beuve, Taine, Tourguenieff.
Publication du *Capitaine Fracasse*, annoncé depuis plus de vingt-cinq ans.
Gautier est reçu chez le prince Napoléon, chez la princesse Mathilde.

1865 *Spirite* paraît en feuilleton dans *Le Moniteur universel.*

1866 Mariage de Judith avec Catulle Mendès.

1867 *Les Progrès de la poésie française. Voyage en Russie.*

1868 Gautier devient bibliothécaire de la princesse Mathilde, sinécure qui lui rapportera 6 000 francs par an.

1869 Pour la quatrième fois, Gautier se présente sans succès à l'Académie française.
Voyage en Égypte.

1870 Mariage de son fils Théophile avec Élise Portal. À la déclaration de guerre, il revient de Genève où il séjournait chez Carlotta, doit se réfugier sous les combles d'un quatrième étage, puis à Versailles.

1871 *Mai* : il revient à Neuilly.
Gautier est malade, troubles cardiaques, albuminurie.

Mariage de sa fille Estelle avec Émile Bergerat.

1872 *Mars* : Gautier commence l'*Histoire du romantisme.*

23 octobre : Gautier meurt à huit heures du matin.

NOTICE

Il y a eu six éditions d'*Émaux et Camées* du vivant de Gautier.

1. Eugène Didier, 1852. Cette édition comprenait dix-huit poèmes, les dix-huit premiers de l'édition définitive (de *Préface* à *Inès de las Sierras*).

2. Eugène Didier, 1853. Aux dix-huit poèmes de la première édition se sont ajoutés, dans l'ordre, *Les Accroche-cœurs* et *Les Néréides*.

3. Poulet-Malassis et de Broise, 1858 (« seconde édition »). Cette édition comporte les dix-huit poèmes de 1852, auxquels s'en ajoutent neuf autres. Dans l'ordre : *Odelette anacréontique, Fumée, Apollonie, L'Aveugle, Lied, Fantaisies d'hiver, La Source, L'Art, Bûchers et Tombeaux*. Au sujet de cette édition, Gautier écrivit à Ernest Feydeau, le 11 février 1859 : « Cet étourdi de Poulet-Malassis (*pullus galinaceus male sedens*) a copié, pour *Émaux et Camées*, la première édition, de façon qu'il a sauté deux pièces qui sont ajoutées à la seconde : *Les Accroche-cœurs* et *Les Néréides*. C'est adroit pour un recueil complet ! Il n'a pas mis non plus la pièce intitulée *L'Art* à la place indiquée : elle devait venir après *Bûchers et Tombeaux* et clore le volume dont elle résume l'idée » (Ernest Feydeau, *Théophile Gautier. Souvenirs intimes*, p. 187).

4. Charpentier, 1863, dans le recueil intitulé *Poésies nouvelles*. S'ajoutent à l'édition précédente : *Le Souper des armures, La Montre, La Rose-thé, Carmen, Ce que disent les hirondelles, Noël, Les Joujoux de la morte, Après le feuilleton, Le Château du souvenir*. Les deux poèmes oubliés en 1858 sont insérés après *La Montre*, dans l'ordre suivant : *Les Néréides, Les Accroche-cœurs* ; et *L'Art* passe à la fin des *Émaux et Camées*, qui comportent alors trente-huit poèmes.

5. Charpentier, 1866, toujours dans les *Poésies nouvelles*. *La Nue* est ajoutée à la fin d'*Émaux et Camées*, après *L'Art*.

6. Charpentier, 1872 : « *Émaux et Camées,* édition définitive avec une eau-forte par J. Jacquemart. » C'est le texte que nous publions.

Avant d'entrer dans *Émaux et Camées*, la plupart des poèmes du recueil ont connu une publication en revue.

D'autre part, le vicomte de Spoelberch de Lovenjoul a conservé une grande partie des manuscrits d'*Émaux et Camées* (ces manuscrits se trouvent actuellement à la bibliothèque Spoelberch de Lovenjoul à Chantilly, sous les cotes : C 442, 443, 444 et 451), et il en a publié bon nombre de variantes dans son *Histoire des œuvres de Théophile Gautier*. Jacques Madeleine, pour son édition d'*Émaux et Camées*, a établi un relevé des variantes plus complet, pour lequel il a puisé également à une autre source : un manuscrit qui appartenait à Émile Bergerat, gendre et disciple de Gautier.

Une véritable édition critique d'*Émaux et Camées* reste à faire ; nous n'avons pu l'envisager dans le cadre de cette collection. Nous présentons cependant :

1. Les variantes des cinq premières éditions, dans notre propre relevé. Nous n'avons pas retenu les variantes de ponctuation ou de typographie.

2. les variantes des préoriginales (publication dans des revues), pour lesquelles nous avons dû nous fier au travail de Jacques Madeleine.

3. un certain nombre de variantes des manuscrits, retenues pour leur intérêt particulier. Nous les citons généralement d'après l'édition de Madeleine, parfois (en le signalant) d'après l'*Histoire des œuvres de Théophile Gautier*.

Nous avons corrigé quelques erreurs, essentiellement de ponctuation, dans l'édition de 1872 :

Symphonie en blanc majeur, v. 54 : nous ajoutons le point-virgule qui manque.

Nostalgies d'obélisques, v. 13 : nous supprimons la virgule à la fin du vers.

Le Château du souvenir, v. 218 : nous rétablissons l'apostrophe du génitif dans *labour's (Love's labour's lost)*.

La Nue : nous terminons la deuxième strophe par un point (comme dans l'édition de 1866) et non par une virgule.

La Fleur qui fait le printemps, vers 15 : nous supprimons une virgule introduite après le *Et* initial.

L'Art, v. 10 : nous ajoutons la virgule.

BIBLIOGRAPHIE.

Éditions modernes d'« Émaux et Camées ».

- Édition critique de Jacques Madeleine, Hachette, « Société des textes français modernes », 1927 (citée : Madeleine).
- Introduction de Jean Pommier, notes et lexiques de Georges Matoré, Lille-Giard, Genève-Droz, « Textes littéraires français », 1947 (citée : Pommier-Matoré).
- Préface et notes d'Adolphe Boschot, « Classiques Garnier », 1954 (citée : Boschot).
- Édition avec une iconographie rassemblée et commentée par Madeleine Cottin, Minard, « Lettres Modernes », 1968 (citée : Cottin).
- Théophile Gautier, *Poésies complètes,* édition de René Jasinski, 3 volumes, Nizet, 1970 (citée : Jasinski).

Nous nous référons également aux éditions suivantes :

- *Émaux et Camées*, avec une préface de Maxime Du Camp, Conquet, 1887 (citée : Du Camp).
- *Les Beaux-Arts en Europe*, 2 vol., Lévy, 1855.
- *Les Grotesques*, Lévy, 1871.
- *Histoire de l'art dramatique en France depuis vingt-cinq ans,* 6 vol., Hetzel, 1858-1859.
- *Histoire du romantisme,* suivi de *Notices romantiques* et d'une *Étude sur la poésie française 1830-1868* (plus connue sous le titre : *Les Progrès de la poésie française depuis 1830*), Charpentier, 1874.
- *Mademoiselle de Maupin*, Gallimard, Folio n° 396, 1973.
- *Voyage en Espagne*, Gallimard, Folio n° 1295, 1981.

Nous avons consulté avec profit, outre les études citées occasionnellement :

- Charles de Spoelberch de Lovenjoul, *Histoire des œuvres de Théophile Gautier*, 2 vol., Charpentier, 1887 (cité : Spoelberch de Lovenjoul).
- Charles Bruneau, *Explication de Théophile Gautier, « Émaux et Camées »*, C.D.U., « Les cours de Sorbonne », s.d. [1942] (cité : *Explication*...).
- Albert Cassagne, *La Théorie de l'art pour l'art en France chez les derniers romantiques et les premiers réalistes*, Lucien Dorbon, 1959 (rééd.).
- Serge Fauchereau, *Théophile Gautier*, Denoël, « Dossiers des Lettres Nouvelles », 1972 (cité : Fauchereau).
- René Jasinski, *Les Années romantiques de Théophile Gautier*, Vuibert, 1929 (cité : *Années romantiques*).
- Gabriel Brunet, « Théophile Gautier poète », *Mercure de France*, 15 octobre 1922, p. 269-332.
- Jean Pommier, « A propos des *Émaux et Camées*, notes et impressions », *Revue Universitaire*, mars-avril 1943, p. 49-53, et mai-juin 1943, p. 101-106 (cité : *A propos*...).

Pour la biographie de Gautier, nous avons utilisé :

- Adolphe Boschot, *Théophile Gautier*, Desclée de Brouwer, 1933.
- Maxime Du Camp, *Théophile Gautier*, Hachette, 1890.
- Ernest Feydeau, *Théophile Gautier. Souvenirs intimes*, Plon, 1874.
- Joanna Richardson, *Théophile Gautier. His life and times*, New York, Coward-Mc Cann, 1959.

Dictionnaires cités :

- Bescherelle aîné, *Nouveau Dictionnaire National ou Dictionnaire universel de la langue française*, 2e édition en 4 volumes, Garnier Frères (cité : Bescherelle).
- Hatzfeld, Darmesteter et Thomas, *Dictionnaire général de la langue française* en 2 volumes (cité : H.D.T.).
- Pierre Larousse, *Grand Dictionnaire universel du XIXe siècle* en 15 volumes (cité : *Larousse du XIXe siècle*).

– Pierre Lavedan, *Dictionnaire illustré de la mythologie et des antiquités grecques et romaines*, Hachette, 1931 (cité : Lavedan).
– *Trésor de la langue française* sous la direction de P. Imbs, éditions du C.N.R.S. (en cours de publication).

NOTES

Page 25. PRÉFACE

Première publication dans *Émaux et Camées*, 1852.

Variante :

1,d : Frais oasis où l'art respire (1852-1866)

Le texte de cette *Préface* fut envoyé à l'éditeur Didier le 18 mai 1852. Il était accompagné d'une lettre la définissant comme « une espèce de sonnet quelconque » (Jasinski, I, p. XCIII). Dans l'édition de 1852, le poème était imprimé en italique, ce qui accentuait son caractère d'« avant-propos ».

Le thème du poète qui s'écarte de la vie politique, la laissant « de l'autre côté de la vitre » pour se consacrer à son œuvre, est déjà, rappelons-le, dans la préface d'*Albertus* (voir ci-dessus, p. 9).

1. *« le Divan occidental »* : le *Divan oriental-occidental (West-östlicher Divan)*, recueil de poèmes publié en 1819, avait été traduit en français par Henry Blaze en 1843. Dans sa préface, le traducteur écrit : « Goethe, interrompu dans sa contemplation éternelle par les événements de 1811, ne trouva pas de plus sûr moyen d'y échapper que de se réfugier par la pensée en Orient » (Pommier, *A propos...*, p. 101).

2. *Nisami* : poète persan, cité par Goethe dans son recueil.

3. *çantal* : dans *Les Progrès de la poésie française depuis 1830*, Gautier parle longuement des recherches orthographiques de Leconte de Lisle (« Le centaure Chiron a repris le *k*, qui lui donne un aspect plus farouche... »), et se plaît à citer les noms indous « harmonieusement bizarres » où fleurit le *ç* : Çurya,

Çunacépa, Viçvamitra, Çanta *(Histoire du romantisme*, p. 332 et 334). Son *çantal* est de la même inspiration.

4. *Hudhud* : la huppe. Elle apparaît dans le *Divan* de Goethe.

5. *A Weimar* : Ernest Feydeau le comparant un jour à Goethe, Gautier lui répondit qu'il lui avait « toujours manqué au moins une chose pour ressembler complètement à Goethe » – le duc de Weimar (E. Feydeau, *Théophile Gautier. Souvenirs intimes*, p. 222).

6. *Hafiz* : poète persan, souvent mentionné dans le *Divan*.

7. *l'ouragan* : allusion aux événements de 1848 et à la période troublée de la Seconde République.

8. *Moi, j'ai fait « Émaux et Camées »* : Jean Pommier remarque qu'Henry Blaze décrivait le *Divan* comme une « orfèvrerie de la forme la plus habile et la plus riche », et Lichtenberger comme un « écrin rempli de perles et de pierreries » ; ainsi le poème liminaire d'*Émaux et Camées* est-il bien autre chose que l'« espèce de sonnet quelconque » annoncé par Gautier : « l'âme et la figure de son ouvrage y sont fixées avec bonheur » (Pommier, *A propos...*, p. 102).

Page 26. AFFINITÉS SECRÈTES

Première publication dans la *Revue des Deux Mondes*, 15 janvier 1849, avec *Le Poëme de la femme* et *Symphonie en blanc majeur*, sous le titre général : *Variations nouvelles sur de vieux thèmes*.

Variante :

12,b : Sur Saint-Marc aux coupoles d'or (*Revue des Deux Mondes*)

Comme le rappelle René Jasinski (Jasinski, I, p. XCIII), la littérature « panthéiste » avait été lancée par Arsène Houssaye. Jasinski cite Lamartine (*Troisièmes Méditations*, 11, *Les Esprits des fleurs*) :

Non, chaque atome de matière
Par un esprit est habité.
Tout sent et la nature entière
N'est que douleur et volupté.

et Nerval (*Les Chimères, Vers dorés*) :

Un pur esprit s'accroît sous l'écorce des pierres.

Le thème des « affinités secrètes » rappelle évidemment, dans la formulation même, les « affinités électives » de Goethe (Cottin, p. 20). Mais un autre rapprochement avec Goethe pourrait être intéressant pour l'interprétation de ce poème : c'est celui que fait Georges Poulet dans son article sur Gautier (*Études sur le temps humain*, I, XIV). Après avoir montré que Gautier est déchiré par l'« aperception simultanée de l'*éternelle beauté* et de l'éternel travail de dissolution qui en accompagne la présence », Poulet note qu'à la fin de *Faust*, « par une hardiesse philosophique, jusqu'alors inconnue sans doute de Gautier et de Nerval, Goethe affirmait que c'était dans le mouvement même, et en raison même de son mouvement, que l'objet préservait de l'action destructrice du temps son identité » – ce que Blaze commente en ces termes : « Ainsi tout se transforme et *rien ne meurt* » (*Revue des Deux Mondes*, 15 août 1839). C'est bien le thème – un des thèmes en tout cas – des *Affinités secrètes*.

1. *Généralife* : résidence d'été des souverains maures à Grenade.
2. *Boabdil* : dernier souverain maure de Grenade (1482-1492).

Page 29. LE POÈME DE LA FEMME

Première publication : voir *Affinités secrètes*.

Variante :
2,b : Elle apparut dans son éclat (*Revue des Deux Mondes*)

Les manuscrits offrent de nombreuses variantes, auxquelles s'est intéressé Émile Henriot (*Romanesques et romantiques*, Plon, 1930, p. 286-292) après leur publication par Jacques Madeleine. Nous citerons ici, d'après Madeleine, les différentes versions d'une strophe supprimée, qui devait initialement prendre place entre les strophes 15 et 16.

On dirait à la voir tordue,
Comme un marbre de Clésinger
(Elle ressemble, ainsi tordue,
A ce marbre de Clésinger) :
« La femme par l'aspic mordue ».
Mais ce que l'art ne peut singer

Dans cette pose ainsi tordue
Que seul ton marbre a pu singer
(Qu'un marbre seul a pu singer),
On dirait la femme mordue
Par le serpent de Clésinger.

Elle rend, par l'aspic mordue,
Ce spasme qu'on ne peut singer,
Voluptueusement tordue
Comme un marbre de Clésinger.

Elle rend, cambrée et tordue
Comme un marbre de Clésinger,
Par l'aspic du plaisir mordue,
Ce spasme qu'on ne peut singer.

Voluptueusement (Par l'amoureux aspic) (Par l'aspic
[du plaisir) mordue,
Comme un marbre de Clésinger,
Elle rend, pâmée et tordue,
Ce spasme qu'on ne peut singer.

Voluptueusement mordue
Comme un marbre de Clésinger,
Elle vit, cambrée et tordue,
Ce spasme qu'on ne peut singer.

Son attitude provocante
Que nul art ne pourrait singer
Rendrait vestale la bacchante
Du statuaire Clésinger.

D'après Maxime Du Camp (Du Camp, p. VIII), ce poème aurait été inspiré par la Païva, célèbre courtisane fort admirée de Gautier ; hypothèse confirmée par les dates, écrit René Jasinski (Jasinski, I, LXXXV). Tout en admettant que le poème présente un caractère de généralité, Adolphe Boschot propose une autre clé : Mme Sabatier, « la Présidente », qui en 1847 servit de modèle à Clésinger pour la *Femme au serpent* (Boschot, p. 324-325. Voir ci-dessus la strophe supprimée).

Barbey d'Aurevilly, qui reprochait à Gautier sa « haine des vers éloquents », appréciait le fait que, dans *Le Poëme de la femme*, « le mouvement lyrique l'emporte » (article sur la réédition d'*Émaux et Camées, Le Pays*, 26 janvier 1859). Mais tous ne sont pas de cet avis : « Rien de l'atmosphère féminine au charme trouble et délicat, rien du vertige que fait naître en l'homme la beauté de la femme, pas même le frisson spontané du désir. Le poète ne demande à la femme que d'apparaître en une série d'harmonieuses attitudes. Il n'aime pas la femme pour elle-même, ni pour le monde de rêves qu'elle éveille en nous, – il salue en elle l'apparence formelle atteignant son plus haut point de perfection » (G. Brunet, *Théophile Gautier poète,* p. 307-308).

1. *Elle brille aux Italiens* : « La Païva était une des plus célèbres abonnées des Italiens » (Pommier-Matoré, p. 140).

2. Strophes 4 et 5 : comparer avec ce passage de l'avant-dernier chapitre de *Mademoiselle de Maupin* : « ... sa robe tomba sur ses pieds comme par enchantement. Elle demeura tout debout comme une blanche apparition avec une simple chemise de la toile la plus transparente. Le bienheureux amant s'agenouilla, et eut bientôt jeté chacun dans un coin opposé de l'appartement les deux jolis petits souliers à talons rouges ; – les bas à coins brodés les suivirent de près.

« La chemise, douée d'un heureux esprit d'imitation, ne resta pas en arrière de la robe ; elle glissa d'abord des épaules sans qu'on songeât à la retenir ; puis, profitant d'un moment où les bras étaient perpendiculaires, elle en sortit avec beaucoup d'adresse et roula jusqu'aux hanches dont le contour ondoyant l'arrêta à demi. – Rosalinde s'aperçut alors de la perfidie de son dernier vêtement, et leva un peu son genou pour l'empêcher de tomber tout à fait. – Ainsi posée, elle ressemblait parfaitement à ces statues de marbre des déesses, dont la draperie intelligente, fâchée de recouvrir tant de charmes, enveloppe à regret les belles cuisses, et par une heureuse trahison s'arrête précisément au-dessous de l'endroit qu'elle est destinée à cacher. – Mais, comme la chemise n'était pas de marbre et que ses plis ne la soutenaient pas, elle continua sa triomphale descente, s'affaissa tout à fait sur la robe, et se coucha en rond autour des pieds de sa maîtresse comme un grand lévrier blanc » (p. 407).

3. *Apelle* : peintre grec, portraitiste officiel d'Alexandre le Grand.

4. *Cléomène* : sculpteur grec du IIIe siècle avant J.-C., auquel on attribue parfois la *Vénus de Médicis.*

5. *Anadyomène* : « qui a surgi des flots ». Gautier évoque la Vénus Anadyomène d'Apelle dans *L'Événement* du 2 août 1848.

6. *l'odalisque d'Ingres* : d'après Madeleine Cottin, il s'agit ici de la seconde odalisque du peintre, dite *Odalisque à l'esclave* (Cottin, p. 10).

7. *morte de volupté* : la strophe supprimée explique la fin – quelque peu surprenante – de ce strip-tease artistique. Si la scène se termine logiquement dans la volupté, pourquoi la mort ? L'assimilation du spasme du plaisir au spasme mortel dans lequel se tord la *Femme au serpent* fournit le chaînon qui manque. Dans sa *Notice sur Baudelaire*, en 1868, Gautier reprendra cette assimilation, mais dans l'autre sens, en désignant la *Femme au serpent* comme « ce marbre où la douleur ressemble au paroxysme du plaisir ».

Page 32. ÉTUDE DE MAINS

Première publication dans *La Presse*, 4 août 1851, avec *Nostalgies d'obélisques* et *Coquetterie posthume*, l'ensemble étant dédié « A Maxime Du Camp » (voir à ce sujet la note 5 sur Lacenaire, et la notice de *Nostalgies d'obélisques*). Sur un des manuscrits, l'ordre des parties est : I. Lacenaire, II. Impéria.

Variante :
14,b : Semble titiller de ces doigts (*La Presse*, 1852, 1858-1866)

Signalons qu'au v. 40, les éditions de 1852, 1863 et 1866 donnent *l'Amour* avec la majuscule.

« Ce que j'adore le plus entre toutes les choses du monde, – c'est une belle main » (*Mademoiselle de Maupin*, p. 216).

Étude de mains a sans doute inspiré à Rimbaud *Les Mains de Jeanne-Marie* (poème qui pourrait bien à son tour être la source des *Mains* de Verlaine) :

Jeanne-Marie a des mains fortes,
Mains sombres que l'été tanna,
Mains pâles comme des mains mortes.
– Sont-ce des mains de Juana ?

Ont-elles pris les crèmes brunes
Sur les mares des voluptés ?
Ont-elles trempé dans des lunes
Aux étangs de sérénité ?

...

Remuant comme des fournaises,
Et secouant tous ses frissons,
Leur chair chante des Marseillaises
Et jamais les Eleisons !

Comme le font remarquer Rolland de Renéville et Jules Mouquet (Rimbaud, *Œuvres complètes*, Gallimard, coll. de la Pléiade, p. 673), c'est la même strophe, le même procédé interrogatoire, les mêmes assonances.

1. *Impéria* : courtisane italienne du XVIe siècle. René Jasinski rappelle qu'elle fut souvent évoquée par les romantiques, et notamment par Balzac dans ses *Contes drolatiques* (Jasinski, I, p. XCVI).
2. *Aspasie* : courtisane grecque, qui devint la maîtresse de Périclès.
3. *caftan* : vêtement de cérémonie chez les Turcs.
4. *escarboucle* : « variété de grenat rouge d'un éclat très vif » (H.D.T.).
5. *Lacenaire* : dans sa préface à *Émaux et Camées* (p. VI-VII), Maxime Du Camp raconte qu'il a eu en sa possession la main momifiée de Lacenaire, l'assassin-poète ; c'est en la voyant chez lui que Gautier aurait écrit ces vers, les premiers qu'il ait composés pour *Émaux et Camées*. Que cet objet ait existé et circulé ne fait pas de doute : Jasinski cite à son propos le témoignage et la description de Victor Cochinat (Jasinski, I, p. XCVII).
6. *Caprée* : non antique de Capri.
7. *Manfred* : héros éponyme d'un poème dramatique de Byron. Grand seigneur criminel, solitaire et orgueilleux, savant et magicien.

Page 36. VARIATIONS SUR LE CARNAVAL DE VENISE

Première publication dans la *Revue des Deux Mondes*, 15 avril 1849.

Variantes :

16 : Une frêle corde qui vibre
Pour l'œil de l'âme a rebâti,
Comme autrefois joyeuse et libre,
La ville de Canaletti. (*Revue des Deux Mondes*)

26,d : Par instants mêle ses sanglots (1852)

Le Carnaval de Venise est une chanson populaire vénitienne, sur laquelle Paganini composa des *Variations*. Les interprétations qu'on en donna à Paris entre 1840 et 1850 firent l'objet de plusieurs comptes rendus chaleureux de Théophile Gautier. Là est la source du poème, et non dans un voyage à Venise en 1850, comme le croit Maxime Du Camp (son édition, p. VII), hypothèse que la date de la publication en revue oblige à écarter.

Les *Variations sur le Carnaval de Venise* annoncent d'assez près l'esprit et le style des *Fêtes galantes* de Verlaine.

1. *l'argenteuil* : « nom donné au petit vin récolté à Argenteuil et dans ses environs » (*Larousse du XIXe siècle*).

2. *Devant une façade rose, Sur le marbre d'un escalier* : « The whole of Venise was in those two lines » (Oscar Wilde, *The Picture of Dorian Gray* : « Tout Venise était dans ces deux vers. » Cité par H. Van der Tuin, *L'Évolution psychologique, esthétique et littéraire de Théophile Gautier,* Amsterdam, Holdert, 1933, p. 271).

3. *Canaletto* : peintre vénitien du XVIIIe siècle, spécialiste des « vedute » ou vues de la ville.

4. *Arlequin* : dans cette strophe et dans les trois suivantes, les noms propres renvoient tous aux personnages de la comédie italienne (*commedia dell'arte*).

5. *risée :* Gautier joue sur deux sens du mot : « grands éclats de rire moqueur poussés par plusieurs personnes à la fois » et « augmentation subite et momentanée de la force du vent » (*Larousse du XIXe siècle*).

6. *chanterelle* : sur un instrument à cordes, celle qui a le son le plus aigu.

Page 42. SYMPHONIE EN BLANC MAJEUR

Première publication : voir *Affinités secrètes.*

Variantes :

5,b : Contre ses camélias blancs (1852-1866)
6,b : Satin et fleurs ont le dessous (1852-1863)

Le titre même de *Symphonie en blanc majeur* affiche le jeu des synesthésies, des correspondances annonçant Baudelaire – même si, comme le fait remarquer Marie-Antoinette Chaix (*La Correspondance des arts dans la poésie contemporaine*, Alcan, 1919, p. 136), ce qui deviendra chez Baudelaire un « fait de sensibilité et un champ nouveau pour l'analyse du poète » n'est encore chez Gautier qu'un *procédé* nouveau : les « transpositions » d'art.

Quant à la couleur blanche, on connaît la prédilection qu'avait pour elle l'écrivain. Michel Crouzet met ce goût en rapport avec celui de la pierre : « Son Musée intérieur est un musée de pierres, musée de l'intensité de l'être, de son épaisseur, renversées en arrêt général du temps et de la matière, figée dans son opacité brûlante [...]. Le même motif persiste sans doute dans le *blanc*, autre plénitude, autre dureté [...]. Gautier semble rêver d'un monde sans ombres » (« Le problème de *créer* », *R.H.L.F.*, juillet-août 1972, p. 666-667).

Marie-Antoinette Chaix (*op. cit.*, p. 37 et suiv.) a comparé *Symphonie en blanc majeur* et la « fantaisie » sur le jaune composée par Sainte-Beuve sous le titre *Les Rayons jaunes*. Comme le signale d'autre part Serge Fauchereau (*Europe*, n° spécial Gautier, mai 1979, p. 66), Ezra Pound fait « un clin d'œil » à *Symphonie en blanc majeur* dans son poème *Albâtre*.

1. *il en est une* : Marie Kalergis, dit-on, belle et musicienne, « *fée blanche* venue des pays nordiques » (Cottin, p. 45).

2. *Paros* : marbre blanc, extrait des carrières de l'île du même nom (voir le sous-titre du *Poëme de la femme*).

3. Strophe 11 : Charles Bruneau a vu dans cette strophe (comme dans la strophe 4 de *Cærulei oculi*) une mise en œuvre exemplaire de la théorie de la comparaison développée par Gautier dans ses « Conseils à Paul Dalloz » (Bibliothèque Spoelberch de Lovenjoul, C 510, f° 50 ; voir notre *préface*). Dans cette strophe-ci, ajoute Bruneau, il y a même des « images d'images » (*Explication...*, p. 139).

4. *Séraphita* : héroïne éponyme d'une nouvelle de Balzac, dont l'action se situe en Norvège.

5. Strophe 16, cd : voir plus loin la note 5 de *Ce que disent les hirondelles*.

6. Strophe 18 : Gabriel Brunet loue ce quatrain final, « esquissant si vaguement une signification sentimentale », qui a « un effet de réaction sur tout le poème pittoresque » (*Théophile Gautier poète*, p. 327).

Page 45. COQUETTERIE POSTHUME

Première publication : voir *Étude de mains*.

Variante :

7,d : A Rome par tes soins bénit (*La Presse*).

« La *Coquetterie posthume* évoque Marie Mattei, compagne

d'un inoubliable séjour à Venise en 1850 » (Jasinski, I, p. LXXXV).

Page 47. DIAMANT DU CŒUR

Première publication dans la *Revue de Paris*, 1er janvier 1852. Certaines variantes manuscrites sont datées du 12 août 1850 (Spoelberch de Lovenjoul, n° 1151).

Variantes :
1,b : Sur son cœur ou dans un tiroir (1853)
3,a : L'autre a, sur un col blond qui ploie (*Revue de Paris* ? Madeleine indique *La Presse*, sans doute par erreur)
L'autre a, sur un cou blond qui ploie (1852-1858)
6,c : Et celui-là conserve un souffle (1852-1866)

1. *Une larme sur un papier* : dans une lettre à Gautier, Marie Mattei rappelle qu'elle a laissé tomber « une larme de joie sur le papier bleu » (Bibliothèque Spoelberch de Lovenjoul, C 501 *bis*, f°114 ; cité par Jasinski, I, p. C, et par Cottin p. 52). Dans une autre lettre, elle écrit : « Pourquoi donc cher amour fais-tu autre chose que des poésies ? Tu as illustré cette grosse larme que je ne renierai jamais, je le jure » (C 501 *bis*, f°120 ; cité par Cottin, p. 52. Madeleine Cottin affirme avoir retrouvé la trace de cette larme sur le manuscrit de *Coquetterie posthume*).

2. *perle dissoute Dans la coupe de mon amour* : Cléopâtre, pour gagner le pari d'offrir à Antoine un festin valant une somme fabuleuse, fit, en guise de boisson, dissoudre une énorme perle dans une coupe de vinaigre.

3. *Ophyr* : « Ophir : nom d'un pays d'Orient cité dans la Bible ; Salomon y envoyait des vaisseaux chercher de l'or » (Bescherelle).

4. *Diamant* : Jasinski rappelle, à propos de cette métaphore, *Mademoiselle de Maupin* : « J'ai dans une urne de cristal quelques larmes que j'ai recueillies au moment où elles allaient tomber. Voilà mon écrin et mes diamants... » (Jasinski, I, p. C ; *Mademoiselle de Maupin*, p. 191). Ce passage du roman pourrait à son tour s'inspirer de Vigny ou de Saint-Amant, comme en témoigne l'étude consacrée à ce dernier en 1834 : « M. de Vigny serait peut-être bien étonné de retrouver dans Saint-Amant l'idée qu'on a trouvée si charmante de cette larme du Christ recueillie dans l'urne de diamant... » (*Les Grotesques*, p. 179-180).

Page 49. PREMIER SOURIRE DU PRINTEMPS

Première publication dans le feuilleton théâtral de *La Presse,* 7 avril 1851, avec le commentaire que voici : « Il fait aujourd'hui un temps superbe ; le ciel est bleu, le soleil brille, et, n'était notre tâche dominicale qu'il faut remplir, nous serions tout à fait de l'avis de M. de Montalembert sur le repos du septième jour, et nous irions saluer le printemps dans le bois de Boulogne ou sur les coteaux de Meudon. Ne pouvant lui faire cette politesse, nous lui adresserons en manière d'hymne, une petite pièce de vers que nous avons rimée l'autre semaine en regardant éclater les premiers bourgeons sous les pluies et les giboulées de mars » (Spoelberch de Lovenjoul, nº 1100). Et Gautier ajoute : « Trente mille lignes de prose que nous écrivons bon an mal an, nous laveront suffisamment de ces trente-deux vers. »

Un manuscrit porte le titre : *Mars* ; un autre, la date : 30 mars 1851 (*ibid.*).

Variantes :

6,c : De sa main prodigue il égrène (*La Presse*)
7,b : Il met la fraise au sein vermeil (*La Presse*)

Ce poème, où Jasinski (I, p. C) trouve des réminiscences de Musset (*A la mi-carême*), Latouche (*Sur un vieux sujet*) et Nodier (*Le Printemps*), eut un succès considérable. Il fut mis en musique à de nombreuses reprises, et notamment par Gounod. De nos jours encore, il figure en bonne place, avec *Noël*, dans les anthologies scolaires. On pourrait cependant partager les réticences de Gabriel Brunet : « Il est curieux de voir ce qu'est pour Gautier le sentiment du Renouveau qui saisit tous les êtres à l'approche du printemps. Chez beaucoup de poètes, ce sont des élans inouïs, des effusions passionnées, un sentiment profond de communion de vie avec l'essor universel qui fait tressaillir les moindres brins d'herbe. Pour Gautier, Mars, le mois de l'éveil sourd et puissant des forces neuves, est tout simplement un artiste décorateur » (*Théophile Gautier poète*, p. 311).

Page 51. CONTRALTO

Première publication dans la *Revue des Deux Mondes*, 15 décembre 1849.

Ce poème combine adroitement deux sources d'inspiration. Le thème de l'hermaphrodite, d'abord : « C'est une des plus suaves créations du génie païen que ce fils d'Hermès et d'Aphrodite. Il ne se peut rien imaginer de plus ravissant au monde que ces deux corps tous deux parfaits, harmonieusement fondus ensemble, que ces deux beautés si égales et si différentes qui n'en forment plus qu'une supérieure à toutes deux, parce qu'elles se tempèrent et se font valoir réciproquement... » (*Mademoiselle de Maupin*, p. 237). Thème d'époque, illustré notamment par Latouche dans *Fragoletta*, qui date de 1829, et par Balzac dans *Sarrazine* en 1830 (voir là-dessus Jasinski, *Années romantiques*, p. 289 et suiv.). Le second thème d'inspiration est personnel à Gautier : *Contralto* est un hommage à la cantatrice Ernesta Grisi, sa compagne. Quant au passage de l'hermaphrodite au contralto, à la « transposition de la forme au son », c'est, comme le signale Jean Pommier (*A propos...*, p. 104), « un exercice fréquent à l'époque ».

1. *Sur son coussin capitonné* : on reconnaît ici l'*Hermaphrodite endormi* du Musée du Louvre. Gautier l'évoque déjà en 1839, à propos de *Fragoletta*, dans une chronique théâtrale où il cite également *Comme il vous plaira*, et fait allusion à *Mademoiselle de Maupin* (*Histoire de l'art dramatique en France,* t. I, p. 326) : « Faites un tour au Musée, et regardez, pendant que le suisse aura le dos tourné, cette délicieuse figure délicatement couchée sur un matelas de marbre [...] cette gracieuse chimère, rêve de l'antiquité... »

2. *Salmacis* : nymphe qui obtint des dieux que son corps fût uni à celui d'Hermaphrodite, dont elle s'était éprise : « Cette prière eut les dieux pour elle ; leurs deux corps mêlés se confondent et revêtent l'aspect d'un être unique [...] ils ne sont plus deux et pourtant ils conservent une double forme : on ne peut dire que ce soit là une femme ou un jeune homme ; ils semblent n'avoir aucun sexe ou les avoir tous les deux » (Ovide, *Les Métamorphoses*, IV, 372 et suiv. Traduction de Georges Lafaye).

3. Strophe 14 : cf. Victor Hugo, *Écrit sur la vitre d'une fenêtre flamande* (1837) :

Le carillon, c'est l'heure inattendue et folle
Que l'œil croit voir vêtue en danseuse espagnole

..

Elle vient, secouant sur les toits léthargiques
Son tablier d'argent plein de notes magiques

...

Par un frêle escalier de cristal invisible,
Effarée et dansante, elle descend des cieux ;
Et l'esprit, ce veilleur fait d'oreilles et d'yeux,
Tandis qu'elle va, vient, monte et descend encore,
Entend de marche en marche errer son pied sonore !

Gautier avait déjà emprunté la métaphore de Victor Hugo dans une chronique consacrée à Carlotta Grisi : « Carlotta, c'est, en effet, la danseuse aérienne que le poète voit descendre et monter l'escalier de cristal de la mélodie dans une vapeur de lumière sonore ! » (*Histoire de l'art dramatique en France*, t. II, p. 253).

4. *Cendrillon* : dans *La Cenerentola*, de Rossini.

5. *Arsace* : dans *Semiramide*, du même.

6. *Tancrède* : dans l'opéra du même nom, toujours de Rossini.

7. *Desdemona chantant le Saule* : dans *Otello*, de Rossini, d'après Shakespeare.

8. *Zerline bernant Mazetto* : dans le *Don Juan* de Mozart.

9. *Malcolm* : dans *La Dame du lac* (*La Donna del lago*) de Rossini. Ce fut un des grands rôles d'Ernesta Grisi. Jean Pommier a noté que Gautier reprenait ici l'énumération des rôles qu'il imaginait incarnés par Pauline Garcia, en 1839, lors des débuts de cette cantatrice, sœur de la Malibran : « Dans les rôles de contralto, tels que Tancrède, Arsace et Malcolm, qu'elle abordera, dit-on, elle nous donnera la mesure exacte de sa voix grave... » (*Histoire de l'art dramatique en France,* t. I, p. 205 ; *A propos...*, p. 104).

10. *Toi qui pourrais, comme Gulnare, Etre le Kaled d'un Lara* : allusion à deux œuvres de Byron, *Le Corsaire* et *Lara*. Dans *Lara*, Kaled, page du seigneur de Lara, se révèle finalement être une femme en travesti, amoureuse-maîtresse de son « maître ». *Lara* ayant été écrit immédiatement après *Le Corsaire*, les lecteurs se sont plu à imaginer que Lara et Kaled n'étaient autres que Conrad et Gulnare, le corsaire et la favorite du sultan qui disparaissent ensemble à la fin du premier récit.

Première publication dans la *Revue de Paris*, 1er janvier 1852.

Variantes :

6,bc : Parmi l'algue et le goëmon
Luit la perle de Cléopâtre (1852-1858)

9,c : Comme le blond guerrier s'élance (*Revue de Paris*)

12,ab : Oh ! viens sur ma couche de nacre,
Mes bras d'ombre te berceront (*Revue de Paris*)

13,d : Dans l'ivresse de mon baiser (*Revue de Paris*)

Nous donnons en outre, d'après Jacques Madeleine, les variantes de la strophe 4, à laquelle s'est intéressé Charles Bruneau :

Leurs cils comme (semblent) des ailes noires
Sont les ailes de goëlands,
Sur les flots bleus gaufrés de moires
Jetant leur ombre aux flots tremblants.

Leurs cils, avec leur frange noire,
Sont des ailes de goëlands
Qui, sur la mer que le vent moire,
Jettent leur ombre aux flots tremblants.

Oui, sous leurs cils aux noires franges,
J'aurais, avec leur reflet clair,
Aimé ces prunelles étranges
Et profondes (Fascinantes) comme la mer.

A l'origine, ce poème ne formait qu'un avec *Tristesse en mer*, sous le titre : *Marine : flots verts, yeux verts*. Nous reproduisons le texte de ce manuscrit, tel qu'il a été transcrit par Spoelberch de Lovenjoul (n° 1181) :

I

Les mouettes volent et jouent,
Et les blancs coursiers de la mer,
Cabrés sur les vagues, secouent
Leurs cris échevelés dans l'air.

Le jour tombe ; une fine pluie
Éteint les fournaises du soir,
Et le steam-boat, *crachant la suie,*
Rabat son long panache noir.

Le cœur brisé, le front livide,
Je vais au pays du charbon,
Du brouillard et du suicide !...
Pour se tuer, le temps est bon !

Ma tristesse avide se noie
Dans le gouffre amer qui blanchit,
L'écume danse, l'eau tournoie...
Un plongeon et tout serait dit.

Oh ! je me sens l'âme navrée !...
Les flots gonflent en soupirant
Leur poitrine désespérée !...
Le ciel est noir, l'abîme attend !

O chères peines méprisées,
Vains regrets, douloureux trésor,
O blessures cicatrisées,
Voilà que vous saignez encor !

Illusions d'amour perdues,
Faux espoirs, folles visions,
Du socle idéal, descendues,
Un saut dans les moites sillons !

Livide, enflé, méconnaissable,
Je dormirai bien cette nuit
Sur l'humide oreiller de sable,
Bercé par le flot qui bruit !

II

Dans les fourrures de sa mante,
Sur le pont, assise à l'écart,
Une femme pâle et charmante
Laisse flotter son long regard.

Des yeux où le ciel se reflète
M'ont fait souffrir plus qu'en enfer ;
Les siens, sous leur vague paillette,
Prennent les teintes de la mer.

Les teintes de la mer profonde
Où gît noyé plus d'un trésor ;
Peut-être en plongeant dans leur onde
On trouverait la coupe d'or !

Leurs disques verts, quand on s'y penche,
Laissent, sous leur changeant tableau,

Briller au loin une âme blanche,
Comme une perle au fond de l'eau.

Ah ! si plus tôt de ces prunelles
Dont la grâce triste me rit,
J'avais pu voir les étincelles,
Où la lumière s'attendrit !

Oui, sous leurs cils aux noires franges,
J'aurais, avec leur reflet clair,
Aimé ces prunelles étranges,
Et profondes comme la mer.

Leur pouvoir magique m'entraîne
Au gouffre vert de leur regard ;
Comme au fond des eaux la sirène
Attirait Harald Harfagar.

Mais ce n'est pas la blancheur bleue
Du joli monstre au chant fatal,
Montrant son sein, cachant sa queue,
Qui me courbe sous leur cristal.

J'entrevois sous leur transparence,
La sympathie aux bras ouverts,
Qui pleure et dit à ma souffrance .
« Oh ! suis-moi dans mes palais verts !

Pour adoucir la douleur âcre
Je connais des philtres calmants ;
Près de moi, sur mon lit de nacre,
Tu feras des rêves charmants !

Et quand mugira sur ta tête
Le flot qui ne peut s'apaiser,
Tu n'entendras pas la tempête,
Assoupi par mon doux baiser ! »

On aura reconnu, dans l'ordre : I *Tristesse en mer*, strophes 1 à 5, 7, 6, 11 ; II *Tristesse en mer*, strophe 12 ; *Cærulei oculi*, strophes 2, 5, 6, 3, 4, 8, 10 ; *Tristesse en mer*, strophe 13 ; *Cærulei oculi*, strophes 12 et 13.

Madeleine Cottin a rapproché de *Cærulei oculi* un texte en prose publié par Gautier dans *La Presse* (10 décembre 1843), et intitulé : *Yeux verts, talons roses*. On y trouve ceci : « Regardons les yeux de notre voisine, qui est assise sur le pont, groupée dans son manteau de fourrure. Ce sont de beaux yeux d'une teinte étrange, ni noirs ni bleus, ni gris ni fauves, mais d'un vert d'algue marine, des yeux orageux. » Or, en novembre 1843, Gautier s'est rendu à Londres avec Ernesta Grisi, pour y voir Carlotta dans *La Péri*, ballet qu'il avait composé pour elle. C'est le moment où, toujours amoureux de Carlotta (il le sera jusqu'à sa mort), il commence à s'éprendre d'Ernesta. Si les « talons roses » sont ceux de la danseuse, les « yeux verts » sont ceux d'Ernesta, dont Gautier avait déjà dit, cinq ans plus tôt (*La Presse*, 1-2 novembre 1838) qu'elle avait « les yeux très beaux avec des prunelles vert de mer » (Cottin, p. 64).

Dans *Marine*, évocation d'un voyage en mer vers le « pays du charbon », où réapparaît (II, strophe 1) la femme aux fourrures assise sur le pont, avec son regard longuement décrit, il faut donc bien voir, semble-t-il, un souvenir du voyage de novembre 1843.

1. *Cærulei oculi* : *cæruleus* (ou *cœruleus*, forme utilisée par Gautier jusqu'en 1866, et encore dans la table des matières de l'édition de 1872), francisé en *cérulé* ou *céruléen*, veut dire : de couleur bleue. « Bleu ou bleu sombre » pour le Gaffiot, « bleu azuré » pour le Bescherelle et le Littré, « d'un bleu intense ou d'un bleu sombre » pour le *Trésor de la langue française*, qui donne pour l'apparition de *céruléen* la date de 1797 (Chateaubriand), tandis que le *Larousse du XIX*^e^ *siècle* y voit un néologisme, donne le sens « qui a une teinte bleue ou bleuâtre » et cite le vers de Gautier.

Théophile Gautier semble bien pourtant employer le mot dans un sens un peu différent, pour une nuance hésitant entre le bleu et le vert (voir d'ailleurs le passage de *Yeux verts* à *Cærulei oculi*). Tout le poème joue sur ces deux couleurs : « sa blancheur bleue Sous l'émail vert » (10,cd) ; même chose dans *Tristesse en mer* : « Salut, yeux bleus ! bonsoir, flots verts ! » (13,d). Signalons que le *Trésor de la langue française* cite ce texte de Maurice Genevoix : « beaux lacs bleus, céruléens [...] qu'on voit irradier de loin d'étranges lueurs vertes. »

2. Strophe 4 : voir la note 3 de *Symphonie en blanc majeur*, ainsi que les variantes reproduites ci-dessus, qui permettent d'apprécier le travail de Gautier.

3. *La coupe du roi de Thulé* : allusion à la chanson de Marguerite dans *Faust* de Goethe. Le roi de Thulé a reçu, à la mort de celle qu'il aimait, une coupe d'or ; sentant venir sa fin, il la lance dans la mer :

Le vase tourne, l'eau bouillonne,
Les flots repassent par-dessus ;
Le vieillard pâlit et frissonne...
Désormais il ne boira plus.

(traduction de Gérard de Nerval)

4. *L'autre perle de Cléopâtre* : est-ce au pari de Cléopâtre que Gautier fait allusion, ici encore ? Voir *Diamant du cœur*, note 2.
5. *l'anneau de Salomon* : anneau magique forgé, disait-on, par Salomon, et qui avait (comme l'anneau de Gygès) la faculté de rendre invisible celui qui le portait.
6. *la ballade de Schiller* : il s'agit de la deuxième ballade, *Der Taucher (Le Plongeur)*. Le roi ayant lancé une coupe dans le gouffre marin, l'offre à qui la récupérera ; un jeune écuyer s'élance au péril de sa vie, tandis que les autres chevaliers déclarent qu'ils ne s'y risqueraient pas, même pour la couronne royale.
7. *Harald Harfagar* : un lied de Henri Heine, traduit en français par Gérard de Nerval, raconte – d'après un thème populaire – l'aventure légendaire du roi Harald 1er de Norvège : « Le roi Harald Harfagar habite les profondeurs de l'Océan avec une belle fée de la mer ; les années viennent et s'écoulent. Retenu par le charme et les enchantements de l'ondine, il ne peut ni vivre ni mourir ; voilà déjà deux cents ans que dure son bienheureux martyre. La tête du roi repose sur le sein de la douce enchanteresse, dont il regarde les yeux avec une amoureuse langueur : il ne peut jamais les regarder assez... » On voit que ceci rejoint très précisément le thème de *Cærulei oculi*.

Page 58. RONDALLA

Première publication – sans titre – dans la nouvelle *Militona* (*La Presse*, 6 janvier 1847). Repris, sous le titre *Sérénade du torero*, dans *L'Artiste* du 1er décembre 1849.

Variantes :

1,b : Colombe au regard de faucon (1852-1866)
3,d : Pour y chercher seul mes amours (*La Presse*)
7,b : Le bras paré par ce manteau (*L'Artiste*)
9,c : Corps de Christ ! je veux faire une arche (*L'Artiste*)
11,d : Des chiens exhalant les abois (*L'Artiste*)

La *rondalla* est la sérénade aragonaise. Dans son compte rendu de la *rondalla de Zaragoza* dansée aux Variétés par un couple de danseurs espagnols (*La Presse*, 19 avril 1843, repris dans *Histoire de l'art dramatique en France,* t. III, p. 39), Gautier explique comment le donneur de sérénade empêchait – grâce à des amis postés aux deux bouts de la rue – toute autre sérénade aux environs, ce qui donnait lieu à des batailles au couteau. Il cite ensuite une rondalla, que voici :

Adieu, noble Saragosse, – avec ton riant faubourg ! – adieu, enfants et femmes ! – adieu, Vierge du Pilar !

J'entre dans la rue où tu habites, – belle aux cheveux d'impératrice ; – si tes galants ont du cœur, – dis-leur de se montrer.

Mon corps se rit du plomb, – mon cœur des poignards, – et le sang de mes veines enrage – de ce qu'ils n'osent sortir.

Dans ta rue, il y a de la boue ; – pour la traverser il faut un pont ; – je le bâtirai avec les côtes d'un galantin – et le sang d'un bravache.

Je prends congé de toi – parce qu'il me faut aller dormir ; – mais je laisse mon cœur – attaché au clou de ta porte.

René Jasinski, dans son édition d'*España* (Vuibert, 1929, p. 181), donne comme source du commentaire de Gautier sur la pratique de la sérénade l'ouvrage de Charles Dembowski, *Deux ans en Espagne et au Portugal pendant la guerre civile, 1838-1840* (Paris, Gosselin, 1841), et signale que Dembowski présente le texte d'une rondalla. Celle, dit-il, qui figurera dans *Émaux et Camées*. En réalité, la rondalla transcrite par Dembowski est celle que nous venons de citer. Le poème d'*Émaux et Camées* combine habilement avec elle le commentaire de Dembowski.

Rondalla fut mis en musique à huit reprises, et notamment par Jacques Offenbach sous le titre *Sérénade du torero* (Spoelberch de Lovenjoul, n° 847).

1. *racleur de jambon* : *rascar el jamón* (gratter le jambon) se disait familièrement pour : jouer de la guitare (*Voyage en Espagne*, p. 271).

2. *gavache* : de l'espagnol *gavacho* (canaille) : « homme sans honneur » (Bescherelle, qui cite le quatrain de Gautier).

3. *capitan* : personnage fanfaron, qui apparaît fréquemment dans les comédies anciennes.

Page 60. NOSTALGIES D'OBÉLISQUES

Première publication : voir *Étude de mains.*

Variantes :

5 : Rhamsès, un jour mon bloc superbe
Que rien n'avait pu jeter bas,
Roula, fauché comme un brin d'herbe,
Par un monsieur nommé Lebas. (*La Presse*)

7,d : Le poids de trois mille ans d'oubli (*La Presse*)

11 : Au lieu du char d'or et de nacre
Des grands Pharaons d'autrefois,
Mon angle est heurté par le fiacre
Emportant le dernier des rois. (*La Presse*)

12,c : Promenaient le bari mystique (1866)

30,d : Trône dans l'immobilité (*La Presse*)

36,d : Il a la vie et j'ai la mort (*La Presse*)

Dans sa préface à *Émaux et Camées* (p. X), Maxime Du Camp affirme : « D'une phrase que j'avais écrite à Gautier dans une lettre datée de Louqsor, il a tiré *Nostalgies d'obélisques.* » René Jasinski a publié cette lettre, datée du 31 mars 1850 (Jasinski, I, p. CIV-CV), qui montre que la dédicace à Du Camp est parfaitement méritée, et que le rôle de celui-ci fut plus important qu'il ne le laisse entendre (c'est sans doute le cas, également, pour le choix du sujet de *Madame Bovary* – voir notre *Genèse de Madame Bovary*, Slatkine Reprints, 1980, p. 25-26 ; ne conviendrait-il pas de réexaminer le jugement presque entièrement défavorable que la critique a porté sur l'« ami Maxime » ?) :

« Depuis qu'ils sont séparés, ces deux siamois monolithes s'embêtent d'une façon désespérante. – Celui qui est à Luxor envie le destin de son frère : il est dans d'autres pays, la pluie rafraîchit souvent sa tête, il n'a plus devant les yeux cet immuable spectacle des colosses écornés, des masures de fellahs, des longues plaines de sables, et des canges à voiles blanches qui remontent le Nil.

Des oiseaux voyageurs venus d'Heliopolis

lui ont dit que là aussi on avait enlevé les obélisques pour les porter à Rome, et il se demande pourquoi seul il est resté ; n'était-il pas aussi beau que les autres ? pourquoi donc l'a-t-on méprisé et ne l'a-t-on pas emporté comme eux ? – Celui de Paris est encore plus triste et se désespère en pensant *au pays*. Tant qu'il a été dans le bateau, il a cru qu'il était réduit à l'état de lest et il s'est senti profondément humilié ; lui, le fils de Rhamsès, lui devant lequel les prêtres avaient porté les barques sacrées, s'être abaissé au point de faire l'office d'un tas de cailloux ! – Maintenant qu'il est debout sur cette place froide, sous nos pluies d'automne et nos neiges d'hiver, il grelotte dans sa camisole de granit. Il regrette le soleil ardent de l'Égypte et les fraîches brises qui secouaient les palmiers près de lui. Il regrette son large fleuve qui montait et descendait tous les ans, et il trouve la Seine affreuse, cette Seine pleine de goujons, tandis que le Nil était plein de crocodiles. Maintenant les moineaux francs se posent sur sa tête : autrefois c'étaient les aigles et le gypaète aux ailes blanches et aux pattes jaunes. Il est humilié comme un réactionnaire obligé de dîner avec des socialistes, et il voudrait retourner vers son frère de Luxor pour lui raconter les choses singulièrement petites qu'il a vues dans le pays des Francs. – Voilà pourquoi j'ai pensé à vous, cher Maître, j'ai vu là un *beau sujet* de vers. » Et Du Camp termine sa lettre en suggérant à Gautier de lui dédicacer son poème (attention à laquelle il était particulièrement sensible...).

1. *pyramidion* : « petite pyramide qui termine un obélisque » (*Larousse du XIXe siècle*).
2. *Et Paris s'en fit un hochet* : Jasinski rappelle ici *A la colonne* de Victor Hugo : « Général, pour hochet il prit les pyramides. »
3. *Sur l'échafaud de Louis seize* : l'échafaud avait été dressé sur la place de la Révolution, l'actuelle place de la Concorde – là donc où se trouve maintenant l'obélisque.
4. *au sens aboli* : on notera ce vocabulaire prémallarméen.
5. *Les moineaux francs* : cette expression désigne les moineaux véritables, proprement dits.
6. *la bari* : « sorte d'embarcation sacrée, chez les Égyptiens » (Bescherelle, qui cite le quatrain de Gautier).
7. *les Solons* : Solon, législateur athénien.
8. *les Arthurs* : « Un *Arthur* – c'est ainsi qu'on appelait les jeunes gens élégants qui fréquentaient les lorettes », écrit Léo Larguier (*Théophile Gautier*, Tallandier, 1948, p. 95) ; il cite *Parisine* de Nestor Roqueplan : « Des valets de chambre [...] portent des habits, du linge, des bottes à leurs jeunes maîtres, aux *Arthur* qui, s'étant attardés la veille chez les lorettes, ne peuvent décemment pas revenir, à dix heures du matin, dans les quartiers honnêtes, en bas de soie, en souliers, en toilette du soir. »
9. Strophe 17 : voir plus loin la note 5 de *Ce que disent les hirondelles*.
10. *Spleen lumineux de l'Orient* : Marc Eigeldinger fait obser-

ver que si Gautier connaît – comme Baudelaire – le spleen et l'ennui, il s'agit chez lui d'un spleen solaire, alors qu'il est brumeux chez l'auteur des *Fleurs du Mal* (« L'Image solaire dans la poésie de Théophile Gautier », *R.H.L.F.*, juillet-août 1972, p. 633).

11. *fellah* : paysan égyptien.

12. *Syène* : nom ancien d'Assouan. C'est là qu'on trouvait le granit rose utilisé pour les monuments.

Page 66. VIEUX DE LA VIEILLE

Première publication dans la *Revue des Deux Mondes*, 1er janvier 1850, sous le titre : *Le quinze décembre.*

Variantes :

8,c : En uniforme de l'ex-garde (1852-1863)
10,a : Ce n'étaient pas les morts qu'éveille (1852-1863)
11,b : L'un a maigri, l'autre grossi (1852-1866)
14,d : Embarrasse leur pied peu sûr (1852-1863 ; également *Revue des Deux Mondes,* d'après Spoelberch de Lovenjoul, n° 1033).

Le poème est né de deux manifestations organisées par les anciens soldats de l'Empire, la première le 5 mai 1848, la seconde le 15 décembre 1849. Gautier s'inspire d'un compte rendu anonyme, mais revendiqué par Monselet, paru dans *La Presse* le 6 mai 1848 (Jasinski, I, p. CVI), ainsi que de textes de Heine et de Zedlitz.

Pour Gabriel Brunet, ce poème illustre « la difficulté pour Gautier de fondre ensemble le monde physique et le monde moral [...] Gautier a voulu fixer une apparence, puis mettre sous cette apparence une signification [...] le poème se ramène à une vision suivie d'une dissertation qui alourdit prosaïquement l'ensemble » (*Théophile Gautier poète,* p. 321). Signalons cependant que, tel qu'il est, le poème plut aux « vieux de la vieille », qui envoyèrent une médaille à Gautier en manière de remerciement (Jasinski, I, p. LXXXVI).

1. *Vieux de la vieille* : la garde impériale « reçut le nom de *vieille garde* lorsqu'on commença à organiser, avec des recrues choisies, ce qu'on appela la *jeune garde* » (Bescherelle) ; *vieux de la vieille* : « nom donné aux anciens soldats de la vieille garde, et par extension, à tous les vieux soldats du premier

Empire » (Bescherelle, qui cite les vers 39-40 du poème de Gautier).

2. Strophe 4 : ceci est inspiré du poème de Henri Heine dont Théophile Gautier tira le livret de *Giselle (ou les Wilis)*, ballet créé par Carlotta Grisi en 1841. Jean Pommier (*A propos...*, p. 53) cite une lettre de Gautier à Heine, le 5 juillet 1841 : « En feuilletant, il y a quelques semaines, votre beau livre de *l'Allemagne*, je tombai sur un endroit charmant [...], c'est le passage où vous parlez des elfes à la robe blanche dont l'ourlet est toujours humide » (*Histoire de l'art dramatique en France*, t. II, p. 133), et Madeleine Cottin évoque *La Ronde des Wilis*, tableau de Gendron « que Gautier connaissait bien », et qui représente des nymphes sortant de l'eau (Cottin, p. 77).

3. *la ballade de Zedlitz* : *Die nächtliche Heerschau* (*La Revue nocturne*), ballade qui fait partie des *Poésies lyriques* du baron von Zedlitz (1832), et qui évoque l'ombre de l'Empereur passant en revue, au milieu de la nuit, les spectres de ses bataillons. Ce poème célèbre a déjà été exploité par Gautier dans *La Comédie de la mort*, huitième partie (Pommier-Matoré, p.180), mais il y est aussi fait allusion dans l'article de Monselet : « On eût dit des ombres convoquées pour cette fameuse revue dont parle le poète allemand. » *La Revue nocturne* a peut-être été inspirée à Zedlitz par *Les Deux Grenadiers* de Heine.

4. *Mais des spectres près du Gymnase, A deux pas des Variétés* : dans la lettre à Heine citée à la note 2, Gautier écrit : « Vous avez dit dans un accès d'humeur : Comment un spectre pourrait-il exister à Paris ? [...] Des bandes joyeuses s'écoulent des Variétés et du Gymnase... » (*Histoire de l'art dramatique en France*, t. II, p. 134).

5. *Mob* : « (mot anglais) populace » (Bescherelle). Georges Matoré, alléguant une variante de *Fumée* (« On dirait que Mob seule y couche »), écrit que Gautier « semble ici attribuer à ce mot le sens de *vieille sorcière* » (Pommier-Matoré, p.196). Notons toutefois que, sur le manuscrit de *Fumée*, Spoelberch de Lovenjoul a lu : *Mab*.

6. *Raffet* : la lithographie de Raffet dont il est question dans cette strophe est *La Revue nocturne*, inspirée par la ballade de Zedlitz évoquée plus haut.

7. *le grand retour* : le retour des cendres de Napoléon (les restes de Napoléon furent déposés aux Invalides en 1840).

8. *énervé* : au sens étymologique de : privé de nerfs, affaibli.

9. *kolbach* : haut bonnet à poil, porté par les chasseurs à cheval de la garde.

10. *dolman* : veste faisant partie de l'uniforme des hussards.

11. *poussah* : jouet consistant en un buste de carton représentant un personnage grotesque, lesté d'une boule qui le fait se balancer à la moindre impulsion.

12. *Bérésina* : le passage de la Bérésina dans le froid de l'hiver est, on le sait, un des épisodes les plus désastreux de la retraite de Russie.

13. *Wilna* : capitale de la Lituanie, où Napoléon séjourna.

14. *Au pied de la colonne* : « Un étrange spectacle a eu lieu ce matin sur la place Vendôme. Entre dix et onze heures, autour de la colonne, on a vu se ranger successivement les derniers soldats de l'Empire » (Monselet, article cité). Comme on le sait, la colonne de la place Vendôme est surmontée de la statue de Napoléon.

Page 70. TRISTESSE EN MER

Première publication dans la *Revue de Paris*, 1er juin 1852.

Variantes :

8,a : Toutes les éditions récentes (Madeleine, Boschot, Pommier-Matoré, Cottin, Jasinski) écrivent *spectre* au singulier, mais c'est une leçon erronée.

11,c : Sur l'humide oreiller de sable (*Revue de Paris*, 1852-1853)

Pour l'histoire de ce téxte, voir *Cærulei oculi*, et la lettre de Gautier à l'éditeur Didier 18 mai 1852 : « Je lèche et je pourlèche *Marine* et *Le Monde est méchant*, qui ne vont pas encore à ma fantaisie » ; cette lettre montre que *Tristesse en mer* devait d'abord garder le titre de *Marine* (ce ne peut pas être à *Cærulei oculi* que Gautier fait allusion, puisque ce poème avait déjà été publié).

Barbey d'Aurevilly trouvait à *Tristesse en mer* un ton « byronien », perçant fort heureusement chez un poète pour lui trop froid (*Le Pays*, 26 janvier 1859). Madeleine Cottin, interprétant le poème à partir d'une phrase de *Yeux verts, talons roses* (« le bateau s'élève, puis redescend avec une douceur perfide »), écrit que « Gautier transcende, avec quel art ! le mal de mer en mal du siècle, au moyen d'expressions qui conviennent aussi bien à tous deux : mortelles pâleurs, âme navrée, cœur noyé de souffrances, cadavre bleuâtre... » (Cottin, p.83).

1. *les blancs coursiers de la mer* : image hugolienne.

2. *au pays du charbon, Du brouillard et du suicide* : l'Angleterre passait, dit-on, « pour le pays du spleen et du suicide » (Jasinski, I, p. CX).

3. *gouffre amer* : cliché romantique, qu'on retrouvera encore chez Baudelaire (« Le navire glissant sur les gouffres amers », dans *L'Albatros*).

4. *peines d'amour perdues* : c'est, on le sait, le titre d'une comédie de Shakespeare (*Love's labour's lost*).

5. Pour Georges Matoré, les trois dernières strophes du poème se rattachent peut-être au « cycle de Marie Mattei » (Pommier-Matoré, p.152). La comparaison avec *Marine* ne permet pas de retenir cette hypothèse : la strophe 12 correspond à la neuvième de *Marine* (II, 1), la strophe 13 à la dix-septième (II, 9), et la dernière strophe n'est que la reprise de la première : strophe ajoutée pour ouvrir et clore le poème, au moment où *Marine* s'est scindé en deux.

Page 73. A UNE ROBE ROSE

Première publication dans *L'Artiste*, 15 février 1850.

Variantes :

5,b : Est-ce à la conque de Vénus (*L'Artiste*)
6,b : Dans l'incarnat de ta pudeur (*L'Artiste*)

Ce poème fut écrit pour Mme Sabatier, comme en témoigne une lettre de Gautier redemandant le manuscrit à son inspiratrice pour le faire imprimer (Boschot, p.331).

1. La princesse Pauline Borghèse posa nue pour la *Venus victrix* du sculpteur Canova (1808), comme Théophile Gautier se plaît déjà à le rappeler dans la préface de *Mademoiselle de Maupin*.

Page 75. LE MONDE EST MÉCHANT

Première publication dans *Émaux et Camées*, 1852. Presque en même temps dans *L'Artiste* (1er août 1852 ; *Émaux et Camées* est inscrit dans la *Bibliographie de la France* du 17 juillet).

Variante :

1,b : Avec un sourire moqueur (1852-1853)

Nous donnons en outre les variantes des manuscrits pour les deux premières strophes (Gautier a beaucoup travaillé ce poème, comme en témoigne sa lettre à Didier, citée à propos de *Tristesse en mer* ; Spoelberch de Lovenjoul en trouve les variantes « toutes on ne peut plus curieuses ». Nous les citons telles qu'il les présente, sous le n° 1184) :

(A) Le monde est méchant, ma petite,
Et dit que tu n'as pas de cœur ;
Sous ton sein où tremble une fleur,
Alors qu'est-ce donc qui palpite ?

Ce doux tic-tac à ton côté,
Ce n'est pas un sang plein de sève,
C'est une montre de Genève,
Un ressort chaque soir monté.

(B) Le monde est méchant, ma petite ;
Il dit que tu n'as pas de cœur,
Et qu'à sa place il ne palpite
Que ta montre, au tic-tac moqueur.

Pourtant ton sein ému s'élève
Et s'abaisse comme la mer,
Et ton sang jeune et plein de sève
Coule visible sous ta chair.

(C) Le monde est méchant, ma petite,
Et dit que tu n'as pas de cœur ;
– Alors, qu'est-ce donc qui palpite
Sous ta gaze où tremble une fleur ?

Est-ce une montre de Genève,
Ce doux tic-tac à ton côté ?
Non, ce sein qui s'enfle et s'élève,
J'ai la clé d'or qui l'a monté.

Pour Jacques Madeleine, l'ordre des versions est en réalité A, C, B – ce qui paraît probable. Il fait observer que la version A est à rimes embrassées (Madeleine, p. XI).

Le poème a été écrit pour Ernesta Grisi (Du Camp, p. IX : pour la même femme que *Contralto*). Il est imité de Heine, *Intermezzo XV* :

Le monde est bête, le monde est aveugle
Et s'affadit de jour en jour.
Il dit de toi, ma belle enfant,
Que tu n'as pas bon caractère.

Le monde est bête, le monde est aveugle
Et te méconnaîtra toujours.
Il ignore de tes baisers de feu
La douce félicité.

(traduction d'Albert Spaeth)

Page 77. INÈS DE LAS SIERRAS

Première publication dans *Émaux et Camées*, 1852.

Variantes :
9,c : La rose, jaunie et fanée (1852, 1858, 1863)
15,d : Groupe ses désirs en bouquet (1852, 1858)
21,d : Mourant un poignard dans le cœur (1852, 1858)

En 1851, la danseuse espagnole Petra Camara donna une série de représentations au théâtre du Gymnase. Gautier lui consacra « deux feuilletons enthousiastes » dans *La Presse* des 12 et 19 mai (Pommier-Matoré, p. 179). Dans *La Presse* du 18 août, il la compara à Inès de las Sierras, personnage éponyme d'un conte de Nodier. Voici le texte de son article, cité par Madeleine Cottin (Cottin, p. 92-93) :

« Vous souvenez-vous d'un délicieux roman de Ch. Nodier [...] ? Dans un château hanté par des esprits et des apparitions [...] du fond d'un long couloir éclairé par une vague lueur, s'élance une figure immobile au milieu de son mouvement rapide [...], Inès de las Sierras, tuée, il y a trois cents ans, par le farouche maître de ce château maudit ; elle est si pâle qu'on la croirait fardée avec du clair de lune, et sur sa poitrine blanche étincelle comme un rubis, le joyau de sa blessure.

« Elle danse avec une grâce languissante et morte, une nonchalance glaciale, une froideur de sépulcre, un charme de l'autre monde, effrayant et délicieux [...] Elle semble avoir rapporté de la tombe de mystérieuses voluptés et les plis de sa basquine fripée par l'humidité du tombeau, renferment d'irrésistibles séductions. Dans son extase endormie et sa danse somnambulique, elle lève de temps à autre ses paupières alourdies d'un sommeil de trois siècles, et il en jaillit un éclair si vif, si brûlant, si rempli d'ardeurs immenses et de folles promesses, qu'il entre dans le cœur comme un fer rouge dans la neige. Quand ce regard vous a touché, il faut le suivre, fût-ce au fond des catacombes, par des escaliers et des souterrains à la Piranèse, fût-ce au fond des enfers. Vous avez l'inextinguible soif de l'impossible, le rêve de l'amour dans la mort.

« La Petra Camara est la plus exacte réalisation d'Inès de las Sierras : le style de sa danse est le même. Elle aussi a été tuée il y a trois cents ans par un meurtrier pâle et morne ; elle aussi a sur la poitrine la raie rouge du coup de couteau ; c'est le fantôme de la vieille Espagne qui nous apparaît en sa personne, avec un frisson de tambour de basque et un babil de castagnettes dont la joyeuseté vous navre... »

Le poème est la mise en vers de l'article. Les seize premières strophes suivent la première partie du récit de Nodier, puis le texte tourne à l'allégorie, et se termine enfin sur la comparaison qui le fonde. Pour Gabriel Brunet, cette fois encore, « le poème se ramène [...] à une vision prolongée par une explication abstraite des aspects de la vision. Au lieu de la vie profondément suggestive du symbole où toute apparence sensible porte en elle sa signification spirituelle, c'est simplement une allégorie un peu froide que réussit à dérouler Gautier » (*Théophile Gautier poète*, p. 322).

1. *venta* : auberge, en espagnol.

2. *Ann Radcliffe* : romancière anglaise (1764-1823) ; elle jouit d'une grande notoriété, influença Byron, et est considérée comme un des ancêtres du roman noir.

3. *Piranèse* : architecte, dessinateur et graveur italien (1720-1778). Ses *Invenzioni di carceri (Prisons imaginaires)* déploient d'immenses dédales architecturaux.

4. *basquine* : jupe très ornée portée par les Espagnoles.

5. *cachucha* : danse espagnole.

6. « *divisa* » : cocarde, en tauromachie.

7. On rapprochera de ce poème la *Concepcion* de Philoxène Boyer, parue dans *Le Parnasse contemporain*, I, p. 179 (1866) :

> *... Mais vous paraissez ! La basquine*
> *De ses contours roses et blancs*
> *Ceint votre hanche qui taquine*
> *Le désir des yeux indolents,*
>
> *Et soudain l'Espagne plus pure*
> *Revit par vous, astre des soirs,*
> *Par vous sa plus fraîche figure*
> *Et tous nos cœurs sont des miroirs.*

Page 81. ODELETTE ANACRÉONTIQUE

Première publication dans la *Revue de Paris*, 1er avril 1854.

Charles Bruneau cite ce poème comme un exemple type d'image continuée (*Explication*..., p. 140).

1. Dans un manuscrit du poème, cette dernière strophe se présente comme ceci :

Et la colombe apprivoisée
Sur ton épaule s'abattra,
Et son bec à teinte rosée,
Aux coupes du baiser boira !

Madeleine Cottin compare cette version à une traduction d'Anacréon que Gautier « aurait pu voir » chez son ami Paul de Saint-Victor (Cottin, p. 102) :

Des mains d'Anacréon qui m'aime
J'enlève un pain délicieux ;
Puis, dans ma coupe avec lui-même
Je bois un vin digne des dieux.
(traduction de Jean-Baptiste de Saint-Victor)

Elle reproduit également une illustration de Girodet qui représente un homme étendu sur un divan, une coupe à la main, avec une colombe posée sur son épaule et buvant dans la coupe.

Page 82. FUMÉE

Première publication dans la *Revue de Paris*, 15 novembre 1855. Un manuscrit porte le titre : *Fumée dans les arbres*.

Jasinski indique que ce poème reprend une image antique, modernisée par les poètes de la Renaissance (« Quand reverrai-je, hélas ! de mon petit village Fumer la cheminée... » Du Bellay), reprise par Chateaubriand dans *René* (« une cabane dont la fumée s'élevait dans la cime dépouillée des arbres »), et chère à tous les romantiques (Jasinski, I, p. CXIII).

Page 83. APOLLONIE

Première publication dans la *Revue de Paris*, 1er février 1853.

Poème adressé à Mme Sabatier, qui avait pris ce prénom d'Apollonie en place du sien, Aglaé (Boschot, p. 332).

Page 84. L'AVEUGLE

Première publication dans *L'Artiste*, 6 juillet 1856.

Variante :
3,c : A la vie invisible bruire (*L'Artiste*)

Spoelberch de Lovenjoul (n° 1423) donne également les variantes des strophes 3, 4 et 6 de la publication dans *La Petite Revue* du 5 août 1865 :

3. De son ombre où rien ne peut luire,
Sombre, il entend le monde obscur
Et la vie invisible bruire,
Comme un torrent derrière un mur.

4. Qui sait quelles chimères noires
Peuplent cet opaque cerveau.
Et quels illisibles grimoires
L'idée écrit dans ce caveau !

6. Mais peut-être, aux heures funèbres,
Quand Dieu souffle notre flambeau,
L'âme, habituée aux ténèbres,
Y verra clair dans le tombeau !

1. *les puits de Venise* : prisons de Venise, situées en dessous du niveau des canaux.

Page 86. LIED

Première publication dans la *Revue de Paris*, 1er janvier 1854.

Variante :
2,b : Et le cœur de désirs troublé (*Revue de Paris*, 1858)

1. Strophe 3 : strophe inspirée sans doute par un tableau de Riesener, la *Bacchante*, qui représente une femme nue, couchée, jouant avec un tigre et tenant à la main une grappe de raisin. Madeleine Cottin, qui reproduit ce tableau dans son édition, fait remarquer que Gautier a dû le voir dans

l'atelier du peintre, en cours d'exécution, car il n'a été exposé qu'au Salon de 1855 (Cottin, p. 110).

Page 87. FANTAISIES D'HIVER

Première publication dans la *Revue de Paris*, 1er février 1854.

Variante :
13,d : Craignez votre pied andaloux (1858)

1. *comme Hændel* : ainsi que le note Jasinski (I, p. CXVI), cette remarque sur Hændel se trouve déjà dans *Les Grotesques* : « Alors ta paternelle perruque se hérisse d'indignation comme la perruque d'Hændel quand on battait la mesure à faux, et l'olympe majestueux de ta tête reste quelque temps enveloppé d'un impénétrable brouillard de poudre blanche » (p. 244) et, avant cela, dans la préface des *Contes d'Espagne et d'Italie* d'Alfred de Musset : « La pédanterie a exercé de grands ravages ; plus d'une perruque s'est dédaigneusement ébranlée, pareille à celle de Haendel qui battait la mesure des oratorios. »

2. *Le cygne s'est pris en nageant* : est-ce par le relais de Gautier que l'anecdote du cygne pris dans la glace inspirera à Mallarmé le sonnet célèbre : « Le vierge, le vivace et le bel aujourd'hui... » ?

3. *Phocion* : général athénien.

4. *Clodion* : sculpteur français (1738-1814), auteur de nombreuses statues et statuettes de nymphes et de faunes, d'une séduction un peu maniérée.

5. *Anadyomène* : voir *Le Poëme de la femme*, note 5.

6. *Coysevox* : sculpteur français (1640-1720), à qui l'on doit notamment les statues de *Mercure* et de *La Renommée* placées en 1719 à la porte des jardins des Tuileries, et les groupes *Hamadryade et l'enfant*, *Flore et l'Amour*, décorant les mêmes jardins.

7. *Coustou* : Nicolas Coustou (1658-1733), élève de son oncle Coysevox, est l'auteur de plusieurs statues des Tuileries : *Vénus à la colombe*, *La Seine et la Marne*, *Apollon poursuivant Daphné*. Son frère Guillaume (1677-1746) est l'auteur des *Chevaux* de Marly, placés à l'entrée des Champs-Elysées en 1794, et d'autres statues des Tuileries : *Hippomène*, *Daphné*.

8. *Palmyre* : célèbre marchande de modes, dont parlent également Musset et Banville (Pommier-Matoré, p. 178).

Page 90. LA SOURCE

Première publication dans *L'Artiste*, 30 mai 1858.

Variante :
4,c : Peut-être deviendrais-je un fleuve (*L'Artiste*)

Pour R.S. King (« *Émaux et Camées* ; sculpture et objets-paysages », *Europe*, mai 1979, p. 87), ce poème est une allégorie de la mort prématurée, mais le « fond allégorique » n'en est pas explicité (contrairement à ce qui se passe, par exemple, dans *L'Albatros* de Baudelaire).

1. *Tout près du lac* : dans *L'Artiste*, le poème porte une indication de lieu : « Lac de Neuchâtel ». Un texte en prose publié dans *Le Moniteur universel* la veille de la parution du poème (le 29 mai) raconte l'excursion qui en est à l'origine (Pommier-Matoré, p. 158).

Page 92. BÛCHERS ET TOMBEAUX

Première publication dans *L'Artiste*, 24 janvier 1858.

Variante :
18,d : Termine en fossé le sillon (1866)

Dans *L'Artiste*, le poème est dédié à Ernest Feydeau. Feydeau était l'auteur d'une *Histoire des usages funèbres et des sépultures des peuples anciens* (publiée en 1856).

Pour Jean-Luc Steinmetz (« Ombelles sur tombeaux. Gautier poète frénétique ? », *Europe*, mai 1979, p. 40), *Bûchers et Tombeaux* livre « une partie de la pensée esthétique de Gautier ». Ce poème médite sur « la fonction de voile [...] que comporte l'opération artistique. Gautier reproche à l'art chrétien de montrer le squelette [...] alors que l'art du paganisme élude cette laideur ». Mais, se demande Steinmetz, cette « impassibilité marmoréenne » souhaitée comme remède à la dégradation, ne serait-ce pas finalement la mort absolue – un remède pire que le mal ?

1. *ægipans* : divinités agrestes, mi-hommes, mi-chèvres.

2. *banquet de Trimalcion* : dans Le *Satiricon* de Pétrone. Au milieu du festin, on apporte un squelette d'argent (*larvam argenteam* – d'où la « larve » de Gautier), et l'hôte déclare : « Ainsi serons-nous tous, quand Orcus nous prendra. Aussi,

vivons, tant qu'il est permis d'être bien ! » (*Satiricon* XXXIV ; traduction de Pierre Grimal).

3. *Pan est mort* : paroles qu'aurait entendues un marin égyptien naviguant près de l'île de Paxas, et qui annonçaient la fin de l'ère des dieux et le début du christianisme (anecdote racontée par Plutarque).

4. Strophe 15 : Madeleine Cottin voit dans cette strophe la transposition d'une planche des *Caprices* de Goya, intitulée *Y aun no se van* (Cottin, p. 121). Cette planche est décrite dans *Voyage en Espagne* (p. 162) : « ... une grande pierre, une dalle de tombeau qu'une figure souffreteuse et maigre s'efforce de soulever. La pierre, trop lourde pour les bras décharnés qui la soutiennent et qu'on sent près de craquer... »

5. *rebec* : ancien instrument de musique, à trois cordes.

6. Strophe 21 : pour Madeleine Cottin, cette strophe et celles qui précèdent évoquent les *Simulacres de la mort* de Holbein, où défilent en sarabande : empereur, pape, roi, preux, courtisan, laboureur (« *Émaux et Camées*, musée de poche », *Cahiers de l'A.I.E.F.*, mai 1966, p. 221).

7. *tonnelet* : « partie d'un habit relevée en rond au moyen d'un petit panier » (Bescherelle, qui cite Gautier : « Il s'habille en berger de trumeau, avec le *tonnelet* de satin bleu de ciel, bordé de faveurs roses »).

8. *Pompadour* : les objets et décors de style pompadour « affectent particulièrement des formes contournées, des couleurs fraîches et tranchantes » (Bescherelle).

9. *paros* : voir *Symphonie en blanc majeur*, note 2.

Page 97. LE SOUPER DES ARMURES

Première publication dans la *Revue européenne,* 1er novembre 1859. Les actuelles strophes 23 et 24 étaient placées avant les strophes 21 et 22 (Madeleine, p. XIII) ; la strophe 33 – l'avant-dernière – a été ajoutée dans l'édition de 1863 (Spoelberch de Lovenjoul, n° 1656).

Variantes (toutes dans la *Revue européenne*) :

1,bc : Dans le Harz, sur un roc pelé,
Hors du monde et du temps habite
4,d : Depuis trois siècles est cassé
18,a : L'on entend des froissements d'ailes
20,b : Les sangliers sur les plats d'or
20,d : Dans les orgues du corridor

23,b : Se succédant, remplis en vain
24,d : Les braves comtes suzerains
25 : Dans le plat où l'un met son coude
L'autre allonge ses pédiaux.
Un troisième dans un coin boude
Et demande des cordiaux.
27,d : Un lied, en quinze cents, nouveau

En outre :

25,d : Fait un serment fastidieux (1863)

Ce poème s'inspire d'une aquarelle de Cattermole, *Sir Biorn aux yeux étincelants,* exposée au salon de 1855 (Du Camp, p. XII). Cette aquarelle, que Gautier décrit longuement dans *Les Beaux-Arts en Europe* (p. 107-109), tire elle-même son sujet d'une légende de La Motte-Fouqué, *Sintram et ses compagnons* (Cottin, p. 128). Voici la description de Gautier : « Sir Biorn, dans une salle de son manoir héréditaire, est assis tout seul à la table du festin, d'où les hommes sont bannis : il vit au milieu du passé, et, ne pouvant ressusciter ses aïeux [...], il a fait asseoir à côté de lui leurs armures vides, espèces de fantômes de fer qui simulent les formes disparues [...], chaque panoplie disant, par sa structure et sa rouille, la date du héros qu'elle représente [*Ici, longue énumération de termes techniques . plastrons, morions, armets...*]

« Ce qu'il y a d'effrayant, c'est que toutes ces armures soulèvent le hanap avec le gantelet qui leur tient lieu de main et se versent des rasades dans leur casque sans tête [...] : l'une, ivre morte, a roulé sous la table ; l'autre met familièrement ses pieds de fer dans le plat ; une troisième se soulève en chancelant pour porter un toast [...]

« Sir Biorn entouré à table des armures de ses ancêtres, n'est-ce pas le symbole de la noblesse avec ses générations solidaires, transportant le passé dans le présent et n'admettant pas que le temps ait coulé pour elle comme pour les autres hommes ? [...]

« [...] Au premier coup d'œil, on croirait qu'il s'agit d'une débauche de burgraves qui n'ont pas daigné ôter leur harnais de bataille pour boire la cervoise ou le vin du Rhin à pleins vidrecomes ; en s'approchant, on voit que les visages manquent à ces heaumes, que les bustes sont absents de ces cuirasses retentissantes et qu'on n'a devant soi qu'une orgie de spectres au linceul d'acier. »

1. *cénobite* : moine qui, aux anciens temps, vivait en communauté. Georges Matoré se demande avec quelque raison si Gautier ne confond pas avec *anachorète*, c'est-à-dire ermite (Pommier-Matoré, p. 186). Ou bien ironise-t-il sur les étranges compagnons de Sir Biorn ?

2. *Landgraves, rhingraves, burgraves* : anciens titres de dignité en Allemagne, attribués à des princes ou à des magistrats. Mots composés respectivement de *land* (terre), *Rhein* (Rhin), *burg* (ville) et de *graff* (comte ou juge).

3. *guivre* : en terme de blason, serpent à la queue ondée.

4. *timbre du blason* : « dans les armoiries, nom donné au casque qui est au-dessus de l'écu » (Bescherelle).

5. *morion* : type de casque léger.

6. *harnois* : « se disait anciennement de l'armure complète d'un homme de guerre » (Bescherelle).

7. *vidrecome* : « grand verre à boire circulant dans les festins (en Allemagne) » (H.D.T.).

8. *pédieux* : adj. : qui appartient au pied. Le substantif paraît désigner ici l'élément de l'armure qui protège le pied ; voir ci-dessus : « l'autre met familièrement ses pieds de fer dans le plat. »

9. *lampassés de gueules* : en terme de blason, *lampassé* « se dit des animaux dont la langue paraît hors de leur gueule, lorsque l'émail de la langue est différent de celui du corps de l'animal » (Bescherelle). L'*émail*, c'est la couleur. *Gueules* (au pluriel) désigne le rouge.

10. *armet* : petit casque fermé.

Page 103. LA MONTRE

Première publication dans la *Revue européenne*, 1er novembre 1859, sous le titre : *La Montre arrêtée*. La strophe 7 a été ajoutée dans l'édition de 1863.

Charles Bruneau, qui a étudié ce texte dans son *Explication de Théophile Gautier* (p. 79-87), le prend pour exemple de poème qui évite le « beau sujet » : « Dans les *Émaux et Camées*, conclut-il, il n'y a pas d'idées. Gautier écrit des vers à propos de "choses" extrêmement précises et restreintes. »

1. *L'Hippogriffe* : animal fantastique, moitié cheval, moitié griffon. Pour cette strophe sur l'hippogriffe, ajoutée en 1863, Jasinski renvoie à deux sonnets des *Bouts-rimés* de Gautier

(Jasinski, I, p. CXVIII) : « Bien souvent le poète enfourche l'hippogriffe... » et : « Lorsque le docteur Faust, enfourchant l'hippogriffe... »

Page 105. LES NÉRÉIDES

Première publication dans *Émaux et Camées*, 1853. Oublié dans l'édition de 1858 (voir *Notice*).

Variante :
12,d : Et meurtrirait leurs charmes nus (1853)

Comme *Le Souper des armures*, ce poème transpose peinture en littérature, tableau en texte. Tableau ou tableaux ? On ne sait si Gautier possédait réellement une aquarelle que décrirait son poème. Madeleine Cottin rappelle qu'il a parlé des *Syrènes* de Kuwiatkowski (*Salon* de 1846), des *Syrènes* de Lehman (1848), des *Néréides* de Gendron (1851). Elle évoque aussi une composition d'Horace Vernet réalisée en 1847 pour la décoration d'un plafond de la Chambre des Députés : *La Vapeur mettant en fuite les dieux marins* (Cottin, p. 99).

1. *Néréides* : filles de Nérée, nymphes de la mer. « On les représente avec un corps de femme jusqu'à la ceinture ; le reste du corps est en forme de poisson. Elles sont toutes belles, jeunes, groupées autour d'Amphitrite, au milieu des Tritons, et parées d'algues et de coquillages » (Bescherelle). Signalons que dans le manuscrit, le poème porte le titre : *Les Sirènes*.

2. *Kniatowski* : dans les quatre versions manuscrites de la première strophe, ce nom est présenté sous la forme *Kwiatowski*. Madeleine Cottin écrit *Kwiatkowski* ; la forme considérée comme la plus correcte serait *Kuwiatkowski* (c'est cette forme que Gautier lui-même utilise dans le *Salon* de 1847 : « Parmi les portraitistes au pastel [...] le Polonais Théophile Kuwiatkowski, qui serait fort connu [...] s'il jouissait d'un nom prononçable. » Cité par Madeleine, p. XVI).

3. *gouffre amer* : voir *Tristesse en mer*, note 3.

4. *pétoncle* : variété de coquillage. Voir note 1.

5. *Triton* : fils de Neptune et d'Amphitrite, moitié homme, moitié poisson. A l'origine personnage unique, il se multiplie dans les développements de sa légende.

6. *Et le torse finit en queue* : Jasinski (I, p. CXIX) rappelle ici le vers d'Horace : *desinit in piscem.*

7. *L'Archipel* : nom donné par les Anciens à la partie de la Méditerranée qui est parsemée d'îles, entre la Grèce et l'Asie Mineure.

8. *Arion* : poète, fils de Poséidon. Menacé de mort sur un navire, il joua de la cithare puis se précipita dans les flots. « Mais les dauphins, attirés par la musique, escortaient le navire et l'un d'eux, chargeant sur son dos le poète, le conduisit sain et sauf à la côte » (Lavedan).

Page 108. LES ACCROCHE-CŒURS

Première publication dans la *Revue de Paris*, 1er janvier 1853. Comme *Les Néréides, Les Accroche-cœurs* entrent dans *Émaux et Camées* en 1853, mais sont oubliés dans l'édition de 1858 (voir *Notice*).

Variantes :
1,d : Se courbent des accroche-cœurs (*Revue de Paris)*
2,b : Leurs orbes polis par tes doigts (*Revue de Paris*)

1. *Mab* : reine des fées. Son équipage merveilleux est décrit dans *Roméo et Juliette* (acte I, sc. 4) :

Les rayons des roues de son carrosse
Sont faits de longues pattes de faucheux,
La capote, avec des ailes de sauterelles ;
...
Son char est une noisette vide
Confectionnée par un écureuil menuisier
Ou par le vieux ciron
De temps immémorial le carrossier des fées.
(Traduction de Pierre Jean Jouve et Georges Pitöeff.)

Page 109. LA ROSE-THÉ

Première publication dans *Émaux et Camées (Poésies nouvelles)*, 1863.

Le manuscrit porte la dédicace : « A S.A.I. la Princesse Clotilde N » : la princesse Clotilde-Marie-Thérèse de Savoie, la fille de Victor-Emmanuel II, la toute jeune femme du prince Napoléon.

Page 111. CARMEN

Première publication dans la *Revue fantaisiste*, 15 avril 1861, sous le titre : *Vieille guitare romantique. Carmen.*

Variante :
2,d : Vient à confesse à ses genoux (*Revue fantaisiste*)

On pense évidemment à la *Carmen* de Mérimée. Mais Gautier ne fait que reprendre son bien : Jean Pommier a montré que la nouvelle de Mérimée doit beaucoup au *Voyage en Espagne* (« Notes sur *Carmen* », *Bulletin de la Faculté des Lettres de Strasbourg*, 1930, p. 209 et suiv.).

Serge Fauchereau (Fauchereau, p. 120) signale que T. S. Eliot a imité la *Carmen* de Gautier dans ses *Poèmes* de 1920 :

Griskhin is nice : her Russian eye
Is underlined for emphasis ;
Uncorseted, her friendly bust
Gives promise of pneumatic bliss.

Et Ezra Pound parle à propos de ce poème de « vers immortels » (Bernard Delvaille, *Théophile Gautier*, Seghers, « Écrivains d'hier et d'aujourd'hui », p. 86).

Page 113. CE QUE DISENT LES HIRONDELLES

Première publication dans *Le Moniteur universel*, 19 septembre 1859, au milieu d'un feuilleton de critique dramatique. Gautier y raconte qu'en train d'écrire ce feuilleton, il écoute et regarde les hirondelles sur le toit voisin : « ... Nous nous sommes mis à transcrire leurs gazouillements de la façon la plus exacte possible. Dupont de Nemours n'a-t-il pas écrit les paroles de l'air que chante le rossignol ? S'il y a des fautes dans notre traduction, considérez qu'il n'y a pas encore de dictionnaire pour la langue des oiseaux, et que nous n'avons pu y chercher les mots d'un sens douteux ou d'une acception rare. Toutefois, nous ne pensons pas nous être trompé de beaucoup. Notre version est presque toujours littérale ; nous l'avons montrée à une hirondelle tombée dans notre chambre par la cheminée, et elle n'en a pas paru mécontente » (cité par Spoelberch de Lovenjoul, nº 1646).

Le manuscrit porte le titre : *Le Départ des hirondelles : Chant d'automne.*

Jean Pommier renvoie pour ce poème au dialogue entre le narrateur et l'hirondelle de Bischofsheim dans les *Mémoires d'outre-tombe* de Chateaubriand : « Veux-tu que nous nous envolions ensemble ? » Et le narrateur demande à l'hirondelle de saluer de sa part « les oliviers d'Athènes et les palmiers de Rosette » (*Mémoires d'outre-tombe,* 1850, t. XI, p. 59-61. J. Pommier, *A propos...*, p. 53).

1. *Hadjis* : titre que prennent les musulmans qui ont fait le pèlerinage de La Mecque.
2. *comptent leurs grains d'ambre* : égrènent leur chapelet.
3. *chibouchs* : pipes turques. Les éditions de 1863 et 1866 donnent la forme plus courante : *chibouks*.
4. *tarbouch* : coiffure des Turcs et des Grecs, bonnet rouge avec un gland de soie bleue.
5. Strophe 8 : cette strophe, comme aussi la strophe 12, la strophe 16,cd de *Symphonie en blanc majeur* et la strophe 17 de *Nostalgies d'obélisques*, sont loués par Émile Faguet pour leurs sonorités : « Où il est merveilleux [...] c'est dans ces vers nets, coupants et durs qui donnent la sensation du buriné ou du ciselé. Il a des effets incroyables en cela, et où l'on n'aurait pas cru que la langue française pût atteindre » (*XIXe siècle*, Boivin, s.d., p. 323).
6. *le chant de Ruckert* : *Des Ailes,* traduit par Gautier :

> *Des ailes, des ailes pour voler*
> *Par montagne et par vallée !*
> *Des ailes pour bercer mon cœur*
> *Sur le rayon de l'aurore !*
>
> *Des ailes pour planer sur la mer*
> *Dans la pourpre du matin !*
> *Des ailes au-dessus de la vie !*
> *Des ailes par-delà la mort !*

(*Le Moniteur universel*, 9 juin 1856). Ruckert est un poète allemand du XIXe siècle (1789-1866).

Page 116. NOËL

Première publication dans *Le Papillon*, 10 janvier 1861, sous le titre : *Le Jésus des Neiges, Noël.*

1. *courtines* : rideaux de lit.

Page 117. LES JOUJOUX DE LA MORTE

Première publication dans la *Revue nationale et étrangère,* 10 novembre 1860. Un manuscrit porte la date : octobre 1860.

Poème inspiré par la mort de la petite Maria Grisi (fille de Giulia), à l'âge de trois ans.

1. *Franconi* : l'écuyer Franconi ouvrit à Paris un manège, puis le *Cirque olympique*, consacré aux exercices équestres.
2. « *La Donna è mobile* » : air célèbre du troisième acte de *Rigoletto* de Verdi (en français . « Comme la plume au vent »).

Page 119. APRÈS LE FEUILLETON

Première publication dans la *Revue nationale et étrangère,* 10 décembre 1861.

Variante :
3,c : Parmi le fil soyeux des trames (1863-1866)

1. *feuilleton* : pour Charles Bruneau (*Explication*..., p. 35), c'est sans doute la première fois que les mots *colonne* (dans le sens : partie de page) et *feuilleton* sont employés en poésie.
2. Strophe 1 : on comparera avec ces vers écrits dans un album en 1841 (Du Camp, *Théophile Gautier*, p. 157) :

Ô poëtes divins ! je ne suis plus des vôtres !
On m'a fait une niche où je veille, tapi
Dans le bas d'un journal, comme un dogue accroupi.

Page 121. LE CHÂTEAU DU SOUVENIR

Première publication dans *Le Moniteur universel*, 30 décembre 1861. Les vers sont datés du 29 décembre, mais un manuscrit porte la date du 25 décembre.

Variantes (toutes dans *Le Moniteur universel*) :
8,c : Les tourelles à poivrière
54,d : Causer Shakespeare avec Scarron
58,d : Et me conseille d'oublier.

La technique de ce poème a été analysée par Gabriel Brunet, qui écrit : « Gautier a complètement renouvelé l'expression poétique du souvenir. Et cela de la manière la plus imprévue. L'évocation des souvenirs se ramène littéralement pour Gautier à une promenade au Musée, au musée de ses souvenirs. Les souvenirs ne sont point des heures ineffables qui revivent hallucinantes en son esprit, ce sont des toiles peintes où sont dessinées quelques-unes des attitudes caractéristiques de sa vie passée et quelques visages de personnes aimées » (*Théophile Gautier poète*, p. 312).

De son côté, Charles Bruneau a consacré plus de vingt-cinq pages de remarques (généralement linguistiques) au *Château du souvenir*. Nous extrayons de cette étude le jugement d'ensemble que voici : « ... il s'agit de faire la description ultra-précise d'un paysage de rêve. Le point de départ, c'est le souvenir ; le point de comparaison, c'est le château (du souvenir). Nous avons ici un très bel exemple de ce que Gautier recommandait de faire : développer longuement, avec de nombreux détails, exacts et même aussi techniques que possible, le second terme de la comparaison. Notez aussi le caractère familier de certains termes et de certaines images ; nous sommes très loin, avec Gautier, de l'image visionnaire de Hugo » (*Explication*..., p. 50).

1. *tour en poivrière* : « tour ronde surmontée d'un toit en forme de cône » (Bescherelle).
2. *en éteignoir* : en forme de cône.
3. *louche* : « qui n'est pas clair, net, transparent » (Bescherelle).
4. *haute lisse* : se dit d'une tapisserie faite sur un métier à chaîne verticale.
5. *Daphné, les hanches dans l'écorce* : les dieux transformèrent en laurier la nymphe Daphné, pour la soustraire aux assiduités d'Apollon.
6. *Apollon, chez Admète* : Admète est le roi de Thessalie chez qui Apollon se fit berger, en expiation du meurtre de Python ou des Cyclopes (Lavedan).
7. *Pinde* : chaîne de montagnes de l'ancienne Grèce, consacrée aux Muses.
8. *La Cidalise* : « Cydalise », la maîtresse de Camille Rogier, aux temps du groupe du Doyenné. Gautier s'en éprit à son tour. Arsène Houssaye la décrit comme « mince, pâle, les yeux bistrés, penchée en saule pleureur, ne parlant que par monosyllabes » (*Confessions*, Dentu, 1885, t. I, p. 340). Cydalise

ne tarda pas à mourir de la poitrine (mars ou avril 1836 : cf. Jasinski, *Années romantiques*, p. 268, note 5). On se rappelle *Les Cydalises* de Nerval :

> *Où sont nos amoureuses ?*
> *Elles sont au tombeau...*

9. *l'Andalouse Qui rit dans le second tableau* : on reconnaît généralement ici Eugénie Fort, qui devint la maîtresse de Gautier au moment où se mourait la Cydalise, et qui est la mère de son fils Théophile.

10. *Petra Camara* : voir *Inès de las Sierras*.

11. *une beauté robuste* : dans *Les Années romantiques de Théophile Gautier,* René Jasinski cite un texte inédit de Judith Gautier, où celle-ci évoque un portrait de femme, vu chez son père, qu'elle décrit ainsi : « une jeune femme assez grasse, décolletée, dans une robe de velours rosâtre, avec des bracelets à ses bras nus et des perles autour du cou. » Pour Judith Gautier, c'est cette jeune personne qui sert de modèle au portrait de Rosette dans *Mademoiselle de Maupin*, et elle la retrouve aussi dans *Le Château du souvenir,* notant d'ailleurs que la même expression, « sa bouche humide et sensuelle », figure des deux côtés. Jasinski n'hésite pas à identifier cette jeune femme comme « la Victorine », avec laquelle Gautier eut une liaison orageuse – et coûteuse s'il faut en croire Arsène Houssaye – jusqu'au jour où il s'éprit de Carlotta Grisi (*Années romantiques*, p. 293-295).

12. *Boulanger* et *Devéria* : peintres à la mode vers 1830, auxquels Gautier consacre deux des *Notices romantiques* ; la maison d'Eugène Devéria et de son frère Achille, peintre également, était, dit-il, « un des foyers du romantisme » (*Histoire du romantisme*, p. 221).

13. *Quand d'Hernani sonnait le cor* : « Si l'on prononce le nom de Théophile Gautier devant un philistin, n'eût-il jamais lu de nous deux vers et une seule ligne, il nous connaît au moins par le gilet rouge que nous portions à la première représentation d'*Hernani*, et il dit d'un air satisfait d'être si bien renseigné : Oh ! oui ! le jeune homme au gilet rouge et aux longs cheveux ! » (*Histoire du romantisme*, p. 90). Ce gilet, explique ensuite Gautier, était un « pourpoint », et le tissu du « satin cerise ou vermillon de la Chine ».

La strophe 42 se présentait d'abord sous cette forme :

Tel, romantique opiniâtre
Soldat d'un chef, hélas ! banni,
Il se ruait vers le théâtre
Quand sonnait le cor d'Hernani !

Gautier ne put faire passer ce texte dans *Le Moniteur universel*, et dut supprimer l'allusion politique à l'exil de Victor Hugo.

14. *Les vaillants de dix-huit cent trente* : *Hernani* fut représenté le 25 février 1830 : « Cette soirée décida de notre vie » (*Histoire du romantisme*, p. 99). Mais l'expression renvoie de façon plus générale au « petit Cénacle », dont Gautier va énumérer les figures importantes.

15. *Comme les pirates d'Otrante* :

En partant du golfe d'Otrante,
Nous étions trente ;
Mais, en arrivant à Cadiz,
Nous étions dix.

(Victor Hugo, *La Chanson des aventuriers de la mer*, dans *La Légende des siècles*).

16. *L'un étale sa barbe rousse* : peut-être Jules Vabre, qui « aurait pu étonner même des hommes barbus, si l'on eût porté la barbe en ce temps-là » (*Histoire du romantisme*, p. 35). Il ne semble pas qu'il puisse s'agir de Camille Rogier, comme le croit Madeleine Cottin (Cottin, p. 159) : ce sont en effet les membres du « petit Cénacle » qui sont énumérés ici, et non ceux du groupe du Doyenné qui se forma quelques années plus tard autour de Rogier.

17. *Comme Frédéric dans son roc* : allusion à une légende concernant Frédéric Barberousse : l'Empereur ne serait pas mort, mais réfugié dans une grotte de montagne avec ses soldats. Cette légende a été reprise par Henri Heine dans *Allemagne, conte d'hiver* :

L'Empereur habite la dernière salle :
Il est là depuis de longs siècles,
La tête posée sur les bras,
Sur une chaise près d'une table de pierre.

Sa barbe descend jusqu'à terre
Elle est rouge comme le feu.

(traduction de Pierre Garnier)

18. *Pétrus* : Pétrus Borel, l'âme du « petit Cénacle » d'après Gautier, poète « frénétique », d'un romantisme noir.

19. *un drame... mêlant tout dans sa trame* : cette définition permet sans doute d'identifier Joseph Bouchardy, dont Gautier a raillé gentiment le goût pour les intrigues compliquées (*Histoire du romantisme*, p. 26 et suiv.).

20. *Tom* : Napoléon Tom, « qui illustra les *Rhapsodies* de Pétrus Borel » (Cottin, p. 160).

21. *« Love's labour's lost »* : *Peines d'amour perdues*, de Shakespeare.

22. *Fritz* : surnom de Gérard de Nerval.

23. *Le « Walpurgisnachtstraum » de Faust* : le « Songe d'une nuit de Walpurgis ». Dans la nuit qui précède la fête de sainte Walburge (nuit du 30 avril au 1er mai), les sorcières et les démons se rassemblent sur le Brocken, dans le Harz. Faust assiste d'abord au sabbat, puis vient la scène du songe, où apparaissent certains personnages du *Songe d'une nuit d'été* de Shakespeare.

Page 130. CAMÉLIA ET PÂQUERETTE

Première publication dans *Émaux et Camées*, 1872. Le manuscrit autographe est écrit sur l'album de Régina Lhomme, et porte la date : « Londres, juin 1849 » (Spoelberch de Lovenjoul, n° 2353).

Gautier avait rencontré Régina Lhomme sur le bateau, en se rendant en Angleterre. Elle était mariée à un négociant parisien, « le plus malin des bourgeois » selon Gautier, qui se lia avec le couple d'une amitié durable.

Page 132. LA FELLAH

Ce poème a fait partie de : *Un douzain de sonnets. Pièces diverses*, recueil offert à la princesse Mathilde pour son anniversaire, le 27 mai 1869. Mais un manuscrit porte la date : 21 mai 1861.

Variante :

3,a : toutes les éditions modernes donnent : *ses voiles*, mais l'édition de 1872 offre bien le singulier : *son voile*.

Ce poème évoque et décrit une aquarelle de la princesse Mathilde.

1. *Fellah* : voir *Nostalgies d'obélisques*, note 11. Normalement, le mot ne s'emploie pas au féminin.

Page 133. LA MANSARDE

Première publication dans *Émaux et Camées*, 1872. Un manuscrit porte pour titre : *La Couturière*. Spoelberch de Lovenjoul (n° 2354) semble dire que ce poème figure lui aussi sur l'album de Régina Lhomme (« même renseignement » que pour *Camélia et Pâquerette*).

Variantes : il existe pour le début du poème une version en vers alternés de huit et de six syllabes, que nous donnons ici d'après Spoelberch de Lovenjoul :

Entre les tuyaux noirs et blancs,
Triste forêt de plâtre,
Où querelle des moineaux francs
L'essaim acariâtre ;

Sur la maison, au bord du toit,
Souvent une mansarde
Sur la gouttière où l'oiseau boit,
Comme un nid se hasarde.

Montmartre, avec ses trois moulins
Tournant leur aile active,
Et sa tour aux airs sibyllins,
Forme la perspective.

1. *Rigolette* : personnage des *Mystères de Paris* d'Eugène Sue. Comme celui de *Margot* (strophe 4), ce nom servit à désigner les grisettes (jeunes femmes de condition modeste, aimant à s'amuser).
2. *taie* : tache opaque, par analogie avec la « taie » qui se forme sur la cornée de l'œil ?
3. *ais* : planche de bois.
4. *chevron* : « pièce de bois équarrie qui soutient les lattes sur lesquelles on pose la tuile ou l'ardoise de la couverture d'une maison » (Bescherelle).
5. *Mombro* : tapissier et marchand de meubles réputé (Pommier-Matoré, p.178).
6. *mont Breda* : le quartier de la rue de Bréda (« que le Parisien [...] s'obstine à appeler *Quartier Bréda* s'il est un simple bourgeois ; *Bréda-street* s'il est jeune, anglomane et gandin », *Larousse du XIXe siècle*) était le quartier des lorettes, ou femmes

entretenues, ainsi nommées d'après l'église de Notre-Dame-de-Lorette, centre de ce quartier.

Page 135. LA NUE

Première publication dans la *Revue du XIXe siècle*, 1er juin 1866. Au bas du poème figure cette indication : « Nuit du jeudi 15 mai, en wagon, entre Genève et Paris ». Mais le manuscrit et l'édition des *Poésies nouvelles* de 1866 portent tous deux la date du 15 mars.

Variantes :
1,a : A l'horizon monte la nue (*Revue du XIXe siècle*)
3,a : Elle assouplit en molles poses (1866)
4,cd : Dans ce clair-obscur du Corrège,
Suave comme un jour dormant (*Revue du XIXe siècle*)
Dans ce clair-obscur du Corrège,
Argenté comme un jour dormant (1866)
7,a : La raison dit : « Creuse fumée (*Revue du XIXe siècle*, 1866)

Le poème a été écrit lors d'un voyage à Genève entrepris pour rendre visite à Carlotta Grisi.

1. *Antiope* : fille du roi de Thèbes, séduite par Zeus pendant qu'elle dormait. Le tableau du Corrège s'intitule *Le Sommeil d'Antiope* (Louvre).
2. *Ixion* : roi des Lapithes. Voulant séduire Héra, il s'unit à un nuage que Zeus avait modelé à la ressemblance de la déesse.

Page 137. LE MERLE

Première publication dans la *Revue du XIXe siècle*, 1er octobre 1866. Au bas du poème : « Villa Grisi, Genève ». Un manuscrit porte cette dédicace : « A Mlle Léontine Grisi, 1866, 12 mars. Villa Grisi sur Saint-Jean ».

Variante :
7,c : L'autel éteint, sous la nef sombre (*Revue du XIXe siècle*)

Poème écrit à la même occasion que le précédent. Léontine Grisi était la fille de Carlotta et du prince Radziwill (Cottin, p. 187).

Page 139. LA FLEUR QUI FAIT LE PRINTEMPS

Première publication dans la *Revue du XIXe siècle*, 1er août 1866, où le poème est daté du 21 juin 1866. Le manuscrit porte le titre : *Les Marronniers de Saint-Jean*, et la date : 21 mars 1866 (pourtant, un vers évoque une époque plus tardive : « Car déjà Mai talonne Avril »).

Variantes :

10,b : Quand Septembre, ouvrant son essor (*Revue du XIXe siècle*)

15,ab: Sous le ciel d'azur ou de brume
Par la froide ou chaude saison (*Revue du XIXe siècle*)

Comme *Le Merle*, ce poème a été écrit lors du séjour à la Villa Grisi, à Saint-Jean. Cette « fleur qui fait le printemps », une variante de la dernière strophe la nommait :

Sous le ciel d'azur ou de brume,
Une fleur rare s'ouvre ici,
Qui toujours rayonne et parfume ;
Son nom est : Carlotta Grisi.

Adolphe Boschot rappelle que Carlotta Grisi était surnommée par Gautier « la dame aux yeux de violette » (Boschot, p. 334).

Page 142. DERNIER VŒU

Première publication dans *Émaux et Camées*, 1872.

Les indications que nous possédons sur ce poème sont contradictoires. Spoelberch de Lovenjoul (n° 2355) renvoie aux « renseignements » fournis sur *Camélia et Pâquerette* : faut-il donc croire que le poème figure sur l'album de Régina Lhomme et a été daté de « Londres, juin 1849 » ? C'est ce que pense Adolphe Boschot (son édition, p. 335). Mais l'édition Pommier-Matoré (comme d'ailleurs celle de Jasinski) donne cette indication : « C'est pour remercier Carlotta Grisi qui lui avait copié le n° LXIII (lire XLIII), dont Gautier ne se souvenait plus, que notre poète a envoyé *Dernier vœu* à sa vieille amie » (p. 169).

De toute façon, le contenu du poème fait difficulté. Si *Dernier vœu* date de 1849, qui Gautier déclare-t-il aimer depuis dix-huit ans (et même depuis « plus de vingt ans », dit une variante) ? et pourquoi, à trente-sept ans, se décrit-il comme un vieillard ? Si le poème date de 1866 et qu'il s'adresse à Carlotta Grisi, pourquoi seulement dix-huit ans ? et comment *Dernier vœu* pourrait-il évoquer une femme qui approche de la cinquantaine ? Adolphe Boschot émet l'hypothèse qu'il s'agit peut-être d'une romance, d'un poème destiné à être mis en musique, sans rapport avec la biographie du poète (Boschot, p. 335).

1. *J'ai les hivers, vous les printemps* : René Jasinski rapproche ce vers de ceux de Béranger :

> *J'eus les hivers et les automnes,*
> *Vous les étés et les printemps*

(Jasinski, I, p. CXXVI), ce qui pourrait renforcer l'hypothèse de Boschot.

Page 143. PLAINTIVE TOURTERELLE

Première publication en mai 1840, sous le titre *La Colombe messagère*, avec une musique d'Allyre Bureau, et une dédicace à Mlle Darcier, cantatrice dont Gautier parle à maintes reprises dans son *Histoire de l'art dramatique en France.*

Variantes :

5 : Va droit à sa fenêtre
Près du palais du roi ;
Donne-lui cette lettre
Et deux baisers de moi. (1840, d'après Spoelberch de Lovenjoul, n° 476)

Le manuscrit comporte une strophe inédite (de huit vers) qui se situait après les deux premières strophes de la version publiée (le poème était primitivement en huitains) :

> Ah ! si j'avais des ailes,
> Comme je m'en irais !
> Sur ses lèvres fidèles,
> Comme je m'abattrais !
> Pour moi, vite, bien vite,
> Fendant le bleu de l'air,
> Vole au toit qu'il habite,
> Plus prompte que l'éclair !

Spoelberch de Lovenjoul raconte qu'il a lui-même rappelé

à Gautier l'existence de ce poème, qui fut alors inséré dans la dernière édition d'*Émaux et Camées.*

Jacques Madeleine regrette pour sa part qu'avec ce poème et le suivant l'unité strophique et métrique du recueil soit troublée – la structure particulière de *Préface* et de *L'Art* pouvant se justifier, quant à elle, par leur situation d'ouverture et de conclusion (Madeleine, p. IV-V).

Page 145. LA BONNE SOIRÉE

Première publication dans *Paris-Magazine*, 22 mars 1868, avec la date : « janvier 1868 ».

Jean Pommier évoque à propos de ce poème un chapitre du *Thomas Graindorge* de Taine, cité à la dernière strophe (chapitre intitulé *A l'ambassade*), et *Un caprice* d'Alfred de Musset (Pommier-Matoré, p. XIV).

Dans *Un caprice*, les trois personnages partent successivement pour un bal à l'ambassade, et Mme de Léry revient sans y être entrée, à cause de la foule : « C'est désolant quand on est seule. J'avais beau crier au cocher d'avancer, il ne bougeait pas ; j'étais d'une colère ; j'avais envie de monter sur le siège ; je vous réponds bien que j'aurais coupé leur queue. Mais c'est si bête d'être là, en toilette, vis-à-vis d'un carreau mouillé ; car avec cela, il pleut à verse. Je me suis divertie une demi-heure à voir patauger les passants, et puis j'ai dit de retourner. Voilà mon bal. – Ce feu me fait un plaisir ! je me sens renaître ! »

Dans *Thomas Graindorge*, il s'agit aussi d'une réception « à l'ambassade ». L'impression de cohue est longuement décrite ; certains personnages sont montrés comme « parfaitement dignes et calmes », d'autres comme défaits, apoplectiques. Le chapitre se termine sur une évocation humoristique – sous forme de bilan – d'une soirée à l'Opéra.

Page 148. L'ART

Première publication dans *L'Artiste*, 13 septembre 1857, avec cette dédicace : « A Monsieur Théodore de Banville, réponse à son Odelette ».

Variantes :

8 : Peintre, fuis la détrempe
Et prends de l'émailleur
La lampe
Pour fixer ta couleur. (1858)

14 : Dans la matière dure
Scelle ton rêve, afin
Qu'il dure
Tant que le monde ait fin ! (*L'Artiste*)

Dans le manuscrit, la strophe 8 était précédée d'une strophe qui a été supprimée, et l'ensemble se présentait ainsi :

Ou, comme un alchimiste
Au feu des chalumeaux
(Soufflant des chalumeaux),
Persiste
A fondre les émaux,

Dédaigne la détrempe
Et prends de l'émailleur
La lampe
Pour fixer ta couleur.

De plus, le poème comportait une dernière strophe :

Oui, tu l'as dit, Banville,
Ce n'est pas en courant
La ville
Que l'on fait rien de grand !

Comme l'indiquent la dédicace et la strophe supprimée, *L'Art* est la réponse de Gautier à une *Odelette* de Banville, que nous reproduisons ici. « Sur le même thème Gautier répond dans le même rythme, comme l'avait fait Musset pour les jolies *Stances* de Nodier en 1843 » (Jasinski, I, p. CXXIX).

À TH. GAUTIER

Quand sa chasse est finie,
Le poète oiseleur
Manie
L'outil du ciseleur.

Car il faut qu'il meurtrisse,
Pour y graver son pur
Caprice,
Un métal au cœur dur.

Pas de travail commode !
Tu prétends, comme moi,
Que l'Ode
Garde sa vieille loi,

Et que, brillant et ferme,
Le beau rhythme d'airain
Enferme
L'idée au front serein.

Les strophes, nos esclaves,
Ont encore besoin
D'entraves
Pour regarder plus loin.

Les pieds blancs de ces reines
Portent le poids réel
Des chaînes,
Mais leurs yeux voient le ciel.

Et toi, qui nous enseignes
L'amour du vert laurier,
Tu daignes
Être un bon ouvrier.

Mai 1856.

1. *chausser le cothurne* : pour « faire des tragédies » se trouve déjà dans Boileau (*Explication...*, p. 23).
2. *carrare* : marbre extrait des carrières de Carrare (en Italie), comme le paros vient de l'île de Paros.
3. *Emprunte à Syracuse Son bronze* : et Bruneau (*Explication...*, p. 27) et Matoré (Pommier-Matoré, p. 180) supposent qu'il est ici fait allusion à une œuvre d'art bien précise. La strophe qui précède ferait plutôt croire que Gautier se sert du nom de Syracuse pour évoquer le travail du bronze, comme il représente le marbre par les noms de Paros et de Carrare. Voir d'ailleurs le passage des *Progrès de la poésie française depuis 1830* où Gautier définit *Émaux et Camées* : « Mais l'auteur ne s'interdisait nullement [...] de coiffer à la mode des médailles syracusaines des Grecques de Paris entrevues au dernier bal » (*Histoire du romantisme*, p. 322).
4. *nimbe trilobe* : Bruneau suppose que Gautier évoque en ces termes l'encadrement trilobé des vitraux gothiques (*Explication...*, p. 30).

ÉMAUX ET CAMÉES

DERNIÈRES PARUTIONS

338. Marina Tsvétaïéva — *Le ciel brûle* suivi de *Tentative de jalousie.*
339. Sylvia Plath — *Arbres d'hiver* précédé de *La Traversée.*
340. Jacques Dupin — *Le corps clairvoyant.*
341. Vladimír Holan — *Une nuit avec Hamlet.*
342. Pierre Reverdy — *Main d'œuvre.*
343. Mahmoud Darwich — *La terre nous est étroite.*
344. *** — *Anthologie de la poésie française du XXe siècle,* I.
345. *** — *Anthologie de la poésie française du XXe siècle,* II.
346. Pierre Oster — *Paysage du Tout.*
347. Édouard Glissant — *Pays rêvé, pays réel.*
348. Emily Dickinson — *Quatrains et autres poèmes brefs.*
349. Henri Michaux — *Qui je fus* précédé de *Les Rêves et la jambe.*
350. Guy Goffette — *Éloge pour une cuisine de province* suivi de *La vie promise.*
351. Paul Valéry — *Poésie perdue.*
352. *** — *Anthologie de la poésie yiddish.*
353. *** — *Anthologie de la poésie grecque contemporaine.*
354. Yannis Ritsos — *Le mur dans le miroir.*
355. Jean-Pierre Verheggen — *Ridiculum vitae* précédé de *Artaud Rimbur.*

356. André Velter	*L'Arbre-Seul.*
357. Guillevic	*Art poétique* précédé de *Paroi* et suivi de *Le Chant.*
358. Jacques Réda	*Hors les murs.*
359. William Wordsworth	*Poèmes.*
360. Christian Bobin	*L'Enchantement simple.*
361. Henry J.-M. Levet	*Cartes Postales.*
362. Denis Roche	*Éros énergumène.*
363. Georges Schehadé	*Les Poésies*, édition augmentée.
364. Ghérasim Luca	*Héros-Limite* suivi de *Le Chant de la carpe* et de *Paralipomènes.*
365. Charles d'Orléans	*En la forêt de longue attente.*
366. Jacques Roubaud	*Quelque chose noir.*
367. Victor Hugo	*La Légende des siècles.*
368. Adonis	*Chants de Mihyar le Damascène* suivi de *Singuliers.*
369. ***	*Haiku.* Anthologie du poème court japonais.
370. Gérard Macé	*Bois dormant.*
371. Victor Hugo	*L'Art d'être grand-père.*
372. Walt Whitman	*Feuilles d'herbe.*
373. ***	*Anthologie de la poésie tchèque contemporaine.*
374. Théophile de Viau	*Après m'avoir fait tant mourir.*
375. René Char	*Le Marteau sans maître* suivi de *Moulin premier.*
376. Aragon	*Le Fou d'Elsa.*
377. Gustave Roud	*Air de la solitude.*
378. Catherine Pozzi	*Très haut amour.*
379. Pierre Reverdy	*Sable mouvant.*
380. Valère Novarina	*Le Drame de la vie.*
381. ***	*Les Poètes du Grand Jeu.*
382. Alexandre Blok	*Le Monde terrible.*
383. Philippe Jaccottet	*Cahier de verdure* suivi de *Après beaucoup d'années.*
384. Yves Bonnefoy	*Les planches courbes.*
385. Antonin Artaud	*Pour en finir avec le jugement de dieu.*

386. Constantin Cavafis	*En attendant les barbares.*
387. Stéphane Mallarmé	*Igitur. Divagations. Un coup de dés.*
388. ***	*Anthologie de la poésie portugaise contemporaine.*
389. Marie Noël	*Les Chants de la Merci.*
390. Lorand Gaspar	*Patmos* et autres poèmes.
391. Michel Butor	*Anthologie nomade.*
392. ***	*Anthologie de la poésie lyrique latine de la Renaissance.*
393. ***	*Anthologie de la poésie française du XVIe siècle.*
394. Pablo Neruda	*La rose détachée.*
395. Eugénio de Andrade	*Matière solaire.*
396. Pierre Albert-Birot	*Poèmes à l'autre moi.*
397. Tomas Tranströmer	*Baltiques.*
398. Lionel Ray	*Comme un château défait.*
399. Horace	*Odes.*
400. Henri Michaux	*Poteaux d'angle.*
401. W. H. Auden	*Poésies choisies.*
402. Alain Jouffroy	*C'est aujourd'hui toujours.*
403. François Cheng	*À l'orient de tout.*
404. Armen Lubin	*Le passager clandestin.*
405. Sapphô	*Odes et fragments.*
406. Mario Luzi	*Prémices du désert.*
407. Alphonse Allais	*Par les bois du Djinn.*
408. Jean-Paul de Dadelsen	*Jonas* suivi des *Ponts de Budapest.*
409. Gérard de Nerval	*Les Chimères,* suivi de *La Bohême galante, Petits châteaux de Bohême.*
410. Carlos Drummond de Andrade	*La machine du monde* et autres poèmes.
411. Jorge Luis Borges	*L'or des tigres.*
412. Jean-Michel Maulpoix	*Une histoire de bleu.*
413. Gérard de Nerval	*Lénore* et autres poésies allemandes.
414. Vladimir Maïakovski	*À pleine voix.*
415. Charles Baudelaire	*Le Spleen de Paris.*

416. Antonin Artaud	*Suppôts et Suppliciations.*
417. André Frénaud	*Nul ne s'égare* précédé de *Hæres.*
418. Jacques Roubaud	*La forme d'une ville change plus vite, hélas, que le cœur des humains.*
419. Georges Bataille	*L'Archangélique.*
420. Bernard Noël	*Extraits du corps.*
421. Blaise Cendrars	*Du monde entier au cœur du monde* (Poésies complètes).
422. ***	*Les Poètes du Tango.*
423. Michel Deguy	*Donnant Donnant* (Poèmes 1960-1980).
424. Ludovic Janvier	*La mer à boire.*
425. Kenneth White	*Un monde ouvert.*
426. Anna Akhmatova	*Requiem, Poème sans héros* et autres poèmes.
427. Tahar Ben Jelloun	*Le Discours du chameau* suivi de *Jénine* et autres poèmes.
428. ***	*L'horizon est en feu.* Cinq poètes russes du XXe siècle.
429. André Velter	*L'amour extrême* et autres poèmes pour Chantal Mauduit.
430. René Char	*Lettera amorosa.*
431. Guy Goffette	*Le pêcheur d'eau.*
432. Guillevic	*Possibles futurs.*
433. ***	*Anthologie de l'épigramme.*
434. Hans Magnus Enzensberger	*Mausolée* précédé de *Défense des loups* et autres poésies.
435. Emily Dickinson	*Car l'adieu, c'est la nuit.*
436. Samuel Taylor Coleridge	*La Ballade du Vieux Marin* et autres textes.
437. William Shakespeare	*Les Sonnets* précédés de *Vénus et Adonis* et du *Viol de Lucrèce.*
438. ***	*Haiku du XXe siècle.* Le poème court japonais d'aujourd'hui.
439. Christian Bobin	*La Présence pure* et autres textes.
440. Jean Ristat	*Ode pour hâter la venue du printemps* et autres poèmes.

441. Álvaro Mutis	*Et comme disait Maqroll el Gaviero.*
442. Louis-René des Forêts	*Les Mégères de la mer* suivi de *Poèmes de Samuel Wood.*
443. ***	*Le Dîwân de la poésie arabe classique.*
444. Aragon	*Elsa.*
445. Paul Éluard & Man Ray	*Les Mains libres.*
446. Jean Tardieu	*Margeries.*
447. Paul Éluard	*J'ai un visage pour être aimé.* Choix de poèmes 1914-1951.
448. ***	*Anthologie de l'OuLiPo.*
449. Tomás Segovia	*Cahier du nomade.* Choix de poèmes 1946-1997.
450. Mohammed Khaïr-Eddine	*Soleil arachnide.*
451. Jacques Dupin	*Ballast.*
452. Henri Pichette	*Odes à chacun* suivi de *Tombeau* de Gérard Philipe.
453. Philippe Delaveau	*Le Veilleur amoureux* précédé d'*Eucharis.*
454. André Pieyre de Mandiargues	*Écriture ineffable* précédé de *Ruisseau des solitudes* de *L'Ivre Œil* et suivi de *Gris de perle.*
455. André Pieyre de Mandiargues	*L'Âge de craie* suivi de *Dans les années sordides, Astyanax* et *Le Point où j'en suis.*
456. Pascal Quignard	*Lycophron et Zétès.*
457. Kiki Dimoula	*Le Peu du monde* suivi de *Je te salue Jamais.*
458. Marina Tsvétaïéva	*Insomnie* et autres poèmes.
459. Franck Venaille	*La Descente de l'Escaut* suivi de *Tragique.*
460. Bernard Manciet	*L'Enterrement à Sabres.*
461. ***	*Quelqu'un plus tard se souviendra de nous*

Ce volume,
le cent cinquante-quatrième de la collection Poésie,
a été achevé d'imprimer sur les presses
de CPI Bussière à Saint-Amand (Cher),
le 13 août 2010.
Dépôt légal : août 2010.
1er dépôt légal dans la collection : novembre 1981.
Numéro d'imprimeur : 102234/1.
ISBN 978-2-07-032209-1./Imprimé en France.